いくつになったって、アイドル

RIDE

PROLOGUE

これまで誰かの考え方やオススメしてくださるアイテムにたくさん救われてきました。
YouTubeチャンネル『ゆきりんワールド』をスタートして、
視聴者の皆さんからコメントをいただくうちに、ビューティのことはもちろん、
ライフスタイルもマインドも、もっと私のことを知っていただきたい気持ちが膨らんで、
スタイルブックを出版したいと思うようになりました。
私がかつてそうしてもらったように、この本の中に詰め込んだ情報が、
あなたの毎日をよりハッピーにしてくれることを祈って、お届けします。

今回、いろんな方向から自分を掘り下げてみようという冒険心から
〝AtoZ〞のインデックス方式を採用することにしました。

結果的に実用的なことも盛り込まれているけれど、まるで一緒におしゃべりを
してるみたいなゆるっとしたコンテンツもいっぱい。ページをめくるたびに
いろんな表情の私を見てもらえるところも我ながらいいなって思ってます。

きっと読み進めながら「一般的なアイドル像と全然違うじゃん」と
感じるポイントがたくさんあると思うんです。

でも、それも含めて“柏木由紀”。いつも自然体な自分を受け入れながら
進んできたことこそが“いくつになったって、アイドル”を続けていける
秘訣なのかもしれないって、制作の途中で気がつきました。

読み終わった後はきっと「自分も今のままでいいや」って
気持ちがラク～になってもらえる、脱力系の一冊となっております。

気分が乗った時に、気ままな体勢で楽しんでいただければ幸いです。

柏木由紀

YUKIRIN

A to Z

A

ありのままの私を抱きしめて♡

ファンの皆さんにとって少しでも〝見たら元気になれる〟存在でありたい。その強い思いが心の中にあるから、アイドルのお仕事をしているときは自分でも「ちょっと頑張りすぎかな……?」って思えるくらいやる気スイッチを〝オン〟にできるんです。でも、オフの日になるとそのスイッチは完全にパチン。一瞬で切れてステージの上の私とは180度逆の「もう何にもしたくありません」みたいな、だらしない人格が顔を出してしまうんですよね。両者のあまりのギャップに、長い間「どっちが本当の自分なんだろう?」ってもやもやしていたんですけど、30歳を迎えたくらいから、いい意味で肩の力がスッと抜けたんです。「あー、どっちも自分なんだ」って。必死で頑張っている私もダラダラしている私も、どっちも本当の自分。相反する2つの面があるから、気持ちのバランスがちゃんと取れているのかもしれない。そのことに気がついてから、心がすごく軽やかになった。ありのままの私を受け止めて、抱きしめられるようになったんです。「先週めちゃくちゃ頑張ったから、オフはこのくらいだらけてもいいよね」くらい、ゆる〜いテンションの時間を過ごすことは、忙しない現代を心地よく生きていく上で、案外大切なことかもしれません。

A B C D E F G H I J K L M N O P Q R S T U V W X Y Z

B ゆきりん的ボディメイク論

胴は長いし、脚は筋肉質なのにぽっちゃりだし。体に関してはコンプレックスだらけ。でも、胴が長いおかげで背中がしなやかに見えるし、脚もタッチしたらやわらかそうで可愛いと思えば、それはそれで〝アリ〟にカウントできますよね。そんな風に視点を変えてみたら、コンプレックスに落ち込むより自分という素材を活かすためにできることを考えることの方が生産的だと思うようになりました。そんな私のボディメイクのモットーは無理せず、前向きな気持ちでできることだけ頑張ること。過去に食事制限や運動に挑戦したこともあったんですけど、自分を追い込むことが性格的に向いていなかったんです。以来、生活の中に小さな努力を組み込むようにしたら、大正解。

デビュー当時から体重の増減がほぼないままで過ごせています。実践しているのは、些細なこと。お風呂に入るたびに鏡で全身をチェックして「お肉が増えたな」と思ったらマッサージやストレッチをいつもより念入りにしたり、外食が続いたら、食事を自分なりに工夫したり。もともと食べることが大好きだから最初から〝食べない〟という選択肢はなくて、夜ごはんをサラダや納豆をかけたお豆腐に切り替えるなど、おいしくてヘルシーなものを口にするようにしています。それから、調整中、おやつにポテチが食べたいと思ったときはチーズやフルーツをチョイスするのもオススメ。「そんなことで？」って思うかもしれないけれど、継続は力なり。結構、侮れませんよ♡

ハートとボディが喜ぶことを
無理せず、自分のペースで
取り入れていくことが大切

頑張りすぎる必要はないけど
ちょっとの努力は惜しまない
楽しく理想のボディを目指して

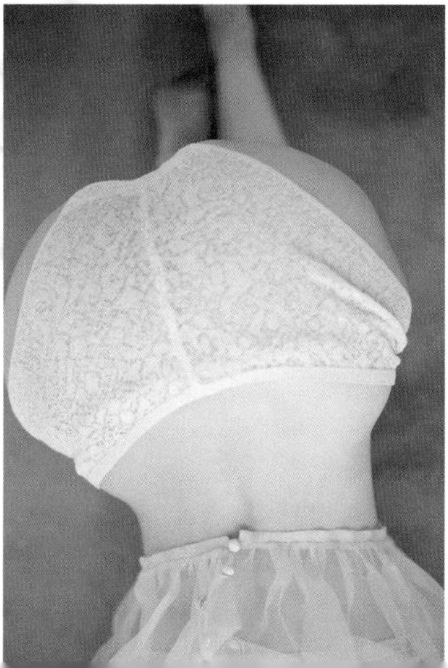

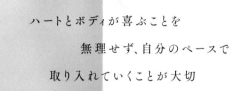

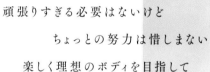

C

チャームポイントは自分でつくるもの。

コンプレックスって「もっとこうしたいな、こうだったらいいな」の
裏返しだと思うんです。私ももっとシュッとした鼻に
生まれたかったし、面長じゃない、
彫りの深いメリハリのある顔に生まれたかった。
でも、ジタバタしたり落ち込んだところで何も変わりませんよね。
そんな中で、理想の自分に近づくために研究するようになったのがメイク。
最新のコスメの情報を集めて、自分の顔に合うテクニックを
取り入れて……そんな毎日を繰り返していたら、
コンプレックスだと思っていたパーツが愛おしくなってきたから、不思議。
つまり、コンプレックスは可愛いののびしろ!
チャームポイントは誰でも努力で〝後付け〟できるんです。

A B C D E F G H I J K L M N O P Q R S T U V W X Y Z

D

大胆なところ、あるんです。

両親からもお墨付きなんですけど、結構、大胆に生きているんです。
昔は「どうしよう?」って考えすぎて、不安に呑みこまれた結果
本番中に失敗しちゃうこともあったんですけど、大人になるにつれて
どんどん度胸がついてきて。私の経験からすると、
大事な仕事の前日にただ「明日、大丈夫かな……」って心配していても、
プレッシャーに押しつぶされそうになるだけなんです。そのネガティブな気持ちが
自分を追い込むことになるなら、少しでも睡眠をしっかりとって、
翌日に備える方が、パフォーマンスが絶対的にアガります。
それから、もう一つ大事なことが、あんまり理想をイメージしないこと。
そもそも自分の中で〝こうなしなきゃ〟って決めつけなければ〝失敗〟は
存在しなくなるんです。現場が大変そうなときこそ「とりあえず楽しもう！」という
気持ちを大切にして、出たとこ勝負の精神で大胆に挑むと、
意外といいことありますよ。一度騙されたと思って、試してみてください。
ちなみに、ちょっと脱線しますが、私の人生で過去一番大胆だったのは
中学生時代。いろんなオーディションに落ちまくっていたのに
「アイドルになるから、勉強なんかしなくていいの」と豪語して
受験勉強そっちのけでアイドルの動画を見続けていました。この大胆はNG。

A
B
C
D
E
F
G
H
I
J
K
L
M
N
O
P
Q
R
S
T
U
V
W
X
Y
Z

A B C D E F G H I J K L M N O P Q R S T U V W X Y Z

E

笑顔ってアクセサリー♡

アイドルという職業柄、
口角を上げて過ごすのがデフォルトに
なっているところがあるかもしれません。
友達や家族とおしゃべりしているとき
声を出して笑うこともすごく多いかも。
気分が落ち込んでいる日も、
とりあえず笑顔を作ってみると、
自然と気持ちが乗っかってきて、
元気になれるんです。
だから、朝起きたら、まずはニッコリ♡

一緒にいる人に「今楽しいよ」って
思っているキモチが自然と伝わるのも
笑顔の魅力ですよね。
そして何より、笑っている人って
それだけでキラキラ!
どんなジュエリーをつけるよりその人を
輝かせてくれる〝アクセサリー〟だと
思うから〝顔にはスマイルを〟が
モットー。

F・R・I・E・N・D!

友達関係は狭く深く派。すごく居心地がよくて、笑いのツボが合って、
楽しくて、お互いにリスペクトもあって、温度感がなんとなく同じ。
それから、相手の気持ちをそっと思いやれる子ばかりです。
目的なんか作らないで〝会うこと〟を目的にしてるから、写真を撮ったら
映えるようなおしゃれカフェに行くことなんて、ほぼない関係性。
仕事が忙しくて会うのが久しぶりになることが多くてもお互いに
ちっとも気にしなくて、〝昨日ぶり〟みたいな感覚になる子ばっかり。気楽〜!
おばあちゃんになっても、ずっと仲良くしていたいなって思います。
私は性格的に考えごとは一人でするタイプだから、
何かを報告しても相談をすることはほとんどないけど、
友達の話に耳を傾けるのは大好き♡
いつまででもできちゃうかも。こんなこと話してたら
大切な友達の顔がいっぱい頭の中に
浮かんできました。会いたいな。

A
B
C
D
E
F
G
H
I
J
K
L
M
N
O
P
Q
R
S
T
U
V
W
X
Y
Z

べりタイム

スタッフからの「この本にゲスト出演してほしい方はいますか？」という質問に、間髪入れずに「吉田朱里さんです」と答えたゆきりん。笑顔で駆けつけてくれたアカリンとのキュートなおしゃべりタイム、スタート。

ゆきりん（以下、ゆ）この本の中で誰かとおしゃべりしたいなって思う人がアカリンしか思いつかなかったの。

アカリン（以下、ア）ホンマですか？　こんな大事なスタイルブックに呼んでいただけるなんて光栄すぎます。

ゆ この間私のYouTubeチャンネルにゲストで来てくれた時も信じられないくらい話が盛り上がったじゃん？

ア たしかに、ノンストップでした。

ゆ 私が一時期、アカリンが在籍していた『NMB48』を兼任していたことがあったから、同じグループのアイドルとして活躍したことがあるプラス、美容やコスメへの熱量がびっくりするくらい同じで、楽しすぎて。アカリンともっとしゃべりたすぎてここに呼んでしまいました。

ア えー？　そんなん、直接連絡くれたらいつでもごはん行けるのに。

ゆ だよね。でも私、誰かのことをごはんに誘うのって緊張しすぎて無理なんです。気軽に誘えるのは先輩だけど親友で家が近所な宮澤佐江ちゃんとあと他に数人くらい。「本当は忙しいのに私が先輩だから気を遣って断れないとかだったら申し訳ないな……」とかぐるぐる考えちゃうんだよね。

Special Guest ♥♥♥

吉田朱里さん

よしだ・あかり　1996年8月16生まれ、大阪府出身。『NMB48』を卒業後、タレント、モデル、YouTuberとして活躍するほか、コスメブランド『b idol』のプロデュースも手掛ける。相性は〝アカリン〟♡

ゆきりんからラブコール♥

アカリンとおしゃ

ア 気遣いすぎですって（笑）。

ゆ でも性格的にできないから、アカリンともっとおしゃべりするために職権乱用しちゃいました。

ア その前に確認なんですけど、私たちって、LINE交換してますよね…？

ゆ どうだっけ？　今、スマホみてみるね……あ！　見つけた！

ア すんごい昔に事務的なやりとりしてますね。これからは全然気軽に誘っていただいていいですし、私も誘うんで、いっぱいごはん行きましょ。

ゆ えー……勇気が出なくて、次はまたYouTubeチャンネルに呼びつけちゃうかもしれない（笑）

ア 私が誘うから、大丈夫です。

ゆ お店とかはどうする？　私、外食ってチェーンのうどん屋さんか『鳥貴族』か『温野菜』しか思いつかない。

ア 私に任せてください（笑）

ゆ アカリンは年下なのに本当頼りになるよね。私が『NMB48』を兼任してた頃もすごく面倒を見てくれた記憶があって、当時の恩人！

ア いやいや、大したことは何もしてないんですけど。

ゆ ダンスの振り入れに付き合ってくれたこととか、今でも大感謝してる。

ア よかったー。

ゆ 当時って『AKB48シングル選抜総選挙』とかがあって、メンバーとどんなに仲が良くてもピリッとしちゃうこともあったから、誰かに頼らないで1人で頑張らなきゃっていう意識がいつもどこかにあったんだけど、『AKB48』のメンバーは全員後輩で。なのに、『NMB48』としては一番後輩の立場になったから、変なプライドは捨てなきゃいけなくなったんだよね。でも、この経験をきっかけに、今ではわからないことを後輩に聞くのが全然普通になったんだよね。これもアカリンのおかげ。心から感謝してる。

ア 超大昔の話ですけどよかったです。ゆきりんさんはめちゃくちゃ褒めてくれましたけど、私からしてもゆきりんさんてすごいなって思うことしかなくて。マジでプロなんですよね。いつもフラットで、自分のこともみんなのこともいい意味で客観視できていて。グループでの活動って楽しいけどしんどいことも多いじゃないですか。後輩に可愛い子が入ってきてプッシュされてたら肩身が狭くなったり、先輩や同期がどんどん卒業していく中で自分がどうあるべきか悩んだりもする。ゆきりんさんの場合はこれだけキャリアを積み重ねていて、1人で行ける仕事もたくさんあるのに、いまだなおグループの活動を大事にしていて。口には出さないだけで、きっと卒業のタイミングもメンバーにとっての最善な時って考えてると思うんですよね。そういうのも想像すると、アイドルってこうあるべきなんだなって、尊敬します。

ゆ えー……うれしい……。

ア ファン想いで、セルフプロデュースの中に自分がこう見られたいっていう欲があるけど、それを前に出しすぎずに求められてることをちゃんと取りに行くのがゆきりんさんて感じ。

ゆ でもアカリンもそうじゃない？ そのバランスの取り方とか、私たちって似てるって勝手に思ってる。アカリンて、キラキラしてるんだけどギラギラはしてないんだよね。あれだけヒットしてる『b idol』のコスメを開発する時もきっといろんなことを考えているはずなのに「好きなことを形にしたらこうなりました」ってムードですごく好き。いい意味でマイウェイだよね。

ア ゆきりんさんもご自身のコスメブランド『upink』をスタートさせて感じてると思うんですけど、競争心とかって持てば持つほどしんどくないですか？ アイドルになりたての頃は、2人ともそういう気持ちがどこかにあったと思うんですけど、私たちはもうそれをどこかに置いてきた感があって、その感じがいきやすいなって思ってて。

ゆ その感覚、すごくわかる。

ア アイドル時代は全力でダッシ

YUKIRIN & Akarin Special Talk Session

ュし続けてきたからこそ、これからは、ビジネスビジネスした考えじゃなくて、楽しいことを追求していたらビジネスになっていて自分も関わる人もみんなハッピーな方がいいのかなって。

ゆ コスメ事業は新米ながら、そのスタンスには共感しかないかも。開発していく上で自分が心から〝好き〟とか〝楽しい〟って思う感覚はずっと大事にしていきたいなって思ってる。

ア 気がつくとこんな風に仕事の話で盛り上がってますよね。結局仕事が好きな私たち（笑）。私はプロデュース業が楽しくて、これだけはずっと続けたいって思っていて。ゆきりんさんは将来のビジョンとかあるんですか？

ゆ 同じく、コスメブランドは頑張っていきたくて、それ以外はいただいたお仕事と1つ1つ丁寧に向き合うっていうくらいかも。あ、でも、演技の仕事だけはお断りしちゃいます（笑）。

ア めっちゃわかります。今なんとなくいい感じなのに、もし失敗したらって考えると怖いですよね。ここまで積み上げたものを全部失いそう……。

ゆ そうなの。あと、できない自覚はあるから誰かに迷惑かけたくないし。大ボーナスや大チャンスはいらないから、失敗せずに平和にやっていけたらいいなってひたすら願ってます。

ア そういう感覚も似てるんですよね。

ゆ こんな風にシンパシーを感じられるから、アカリンと友達になりたいんだって実感。不束者ですが、これからどうぞよろしくお願いします！

ア こっちのセリフです♡

楽しいこととおもしろいことが
大好きで、子供の頃からいつもごきげん♪
自分で言うのもなんですが『AKB48』の
楽屋ではムードメーカーな気がします。
自分がするくだらないおしゃべりで
メンバーが笑ってくれるのがめちゃ幸せ♡

Kigenでいたいの

私にとって、ごきげん＝ハッピーサイクル♡
連鎖したら〝ごきげん〟が世界を救うかも！

アイドルになったばかりの頃は
楽屋の端っこで
ちんまり座っていたタイプ。
今の私からは想像がつかないくらい
引っ込み思案な性格で、
どちらかというと
〝内側ごきげん〟だったんですけど、
大人になるにつれて、
ウキウキな気持ちを出せる
〝外側ごきげん〟に進化しました。

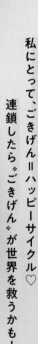

いつもおしゃべりしてるからちょっとでも
静かにしてると「ごきげんななめなのかな?」って
心配されちゃうんですけど、
そんな瞬間、私にはないですから。

仕事で「もっとこうした方が
絶対よくなるのに!」ってことに
直面してイライラすることはあっても
不機嫌になることはないかな。
解決策をとことん考えてから
ベッドに入って翌朝を迎えたら、
けろっと忘れて、笑顔で「おはよう」。
我ながら切り替え上手で、
おめでたい性格。

いつだってG

今でも時々「静かにしていようかな」と
思うことがあるけれど、後輩たちが
「ゆきりんさんが一番明るいですよね」
って声をかけてくれるのがうれしくて
「あ……今のままでも悪くないな」って。
これからもごきげんな私で
突き進むつもり。

History of 柏木由紀

ゆきりんがアイドルになる前のおはなし。

小2でモーニング娘。さんのファンになってからずっとずっと憧れてきたアイドル。
中3で『AKB48』のオーディションに合格してその夢を叶える前までの
私のことを、思い出のアルバムをめくりながら振り返ってみたいと思います。

1歳

1991年7月15日、生まれ。
鹿児島県出身、B型。

2歳

幼稚園

マーチングバンドの
指揮者にご満悦な私♡

セーラームーンに
なりたかった頃。

小1くらい

小2

モーニング娘。さんに
恋に落ちた頃♡
この年、地元の鹿児島で
生まれて初めてモーニング娘。
さんのコンサートを見て
「アイドルになりたい」という
夢ができました!

小4

小6

なかなかアイドルに
なれないので
お母さんを巻き込んで
アイドルごっこを
スタート!

小6くらい

小学生時代は
モーニング娘。さんの
『LOVEマシーン』や
『ザ☆ピ～ス!』の振り付けを
学校で披露しまくり。
みんなに振りを教えたり
とかして、めちゃめちゃ
目立ってました!

中1くらい

他の小学校から来た子が
いっぱいいて先輩たちも
キラキラしてて…。
「小学校の頃は狭い世界で
目立ってたんだ」って
思ったら一気に
シュンってなって、陰キャに。
帰宅部の目立たない
キャラになって推し活に
いのちを注ぐ日々。
勉強なんかそっちのけで
推しの動画ばっかり
見てたな……。

中2

アイドルになりたくて、
なりたくて、なりたすぎて!
体育祭とオーディションの
日程が重なったら迷わず
オーディションを選んでました、
ごめんなさい。でも、
アイドルになりたいって宣言する
勇気はなくて将来の夢を
聞かれたら近からず遠からずで、
〝ダンサー〟って答えてました。

32歳

オーディションに合格してから約16年。
どこかの媒体で〝アイドル界のキングカズ〟
さんて言っていただけるくらい、
アイドル街道を爆走中! だって、
ステージで歌って踊ってる時が
一番私が私らしくいられて、幸せなんです♡
人生設計ゼロなキャラだから、気が済むまで
アイドルとして生きている自分を
楽しむってことだけは今ここで宣言できる
私の心のなかで決めていること。

（ゆきりん的IDOL論）

どの衣装も大好きだけど
『ポニーテールとシュシュ』は
ぶっちぎりでLOVE♡

年齢なんてただの記号!
ステージに立ったら
天才アイドル“ゆきりん”

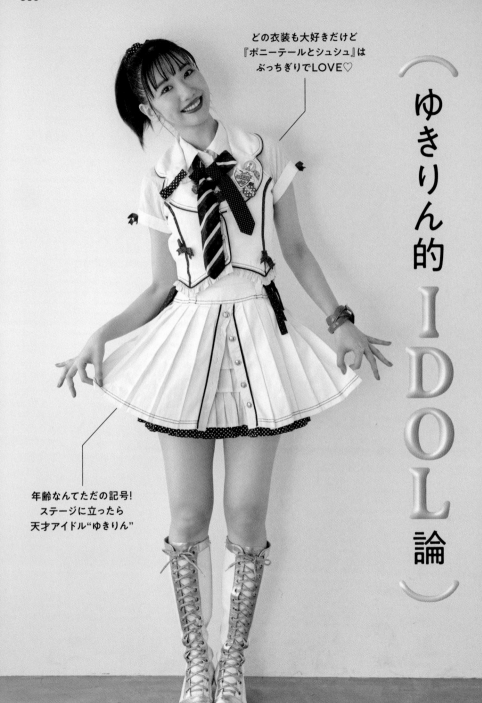

ゆきりんがアイドルになるまで

小学校2年生の時、モーニング娘。さんの
大ファンになったのが、私が
アイドルを夢見たきっかけです。
中学生になってからオーディションを
受け始めたんですけど落ち続けて。
ある日ファッション誌のうしろの方で
『AKB48』のメンバー募集記事を
見つけたんですけど、そこに
〝専用劇場があって毎日ステージに立てます〟
って書いてあるのを見て
「これだ!」って思って。心配で
猛反対する両親をどう説得しよう?
と考えて、母に『AKB48』の
素晴らしさを大プレゼン!
結果、母もファンになって、三期生の募集が
かかる頃にはオーディションを受ける
ことに賛成してくれて。見事、合格!

ゆきりんがアイドルになってみて

可愛くて、キラキラしていて、
いつも元気で。アイドルの存在は
私にとってパワーの源でした。
いざ夢が叶ってからは、絶対大変なことも
多いと思っていたんですけど
その反対! 想像していた何倍も
楽しくて、やりがいもあって、
私の天職だと思っています。
中でも一番楽しいのはやっぱり、ステージ。
お客さんの前で歌って踊ることが
大好き♡ 勉強は苦手だったのに
記憶力はめちゃめちゃよくて、
ファンの皆さんの顔やお名前を
どんどん覚えられるんです!
皆さんが必要としてくださる限り
私なりにアイドル街道を突き進んで
いけたらいいなって思います。

J

人生について考えてみる

「自分に向いてないと思うことも、挑戦してみたら意外と楽しい」
そんな経験をたくさんさせていただいたからか、将来のことや目標をあまり決めないで
〝ふわふわ〟生きるようになりました。そもそも、目標を掲げなければ、
達成できたもないですよね。なんとなく始めたことがたまたまうまくいったらラッキー!
くらいのテンションが私の性格には、合っているみたいです。目標を立てない代わりに、
その瞬間ごと目の前にあることと必死で向き合っていこうという意識はあったりします。
きっとこんなに自分の人生設計をしていない人、世の中にいないですよね。
1年後も、5年後も、10年後も、20年後も、「何をしたいですか?」とか
「どんな自分でありたいですか?」と聞かれてもびっくりするくらいビジョンがないんです。
でもその分、誰かと会話をしている中で急に降ってきたりすることはあって。
そこで突き動かされるように実践したことが結果、良かったりもする。
そんな風に、そのときそのときの気持ちを大切にしながらエモーショナルに生きていくのが
きっと私らしさ。未来予想図のない自分のことを肯定しても、いいのかなって思います。

かみがたのこだわり

styling menu:

BANGS

前髪は目の上ギリギリでカットして下ろすのがスタンダード。アレンジしたときにニュアンスが出しやすいように、両端を自然にサイドへつながるようにカットしてもらっています。

COLOR

サロンでオレンジと黄みを抑えたブラウンをオーダー。少し前にハイトーンを経験して髪色を冒険したいキモチは満たされたので、しばらくナチュラルなブラウン系で過ごす予定。

LENGTH

基本的にロングが好き。ヘアアレンジをするときに便利だし、巻いたりストレートにしたり印象を変えやすいのもいい。胸下くらいまでもっと伸ばしたいです。

K

かみがたと
ヘアケアとヘアアレンジと
わたし。

A B C D E F G H I J K L M N O P Q R S T U V W X Y Z

昔から〝ヘアスタイルは額縁〟と言われていますが本当にその通り。
第一印象を左右するくらい目がいくパーツだから、
お肌に負けないくらいケアを頑張りたいし、メイクと同じくらいアレンジを楽しめたら
いいなって思っています。髪質は細くて直毛の真逆みたいなクセ毛。
ヘアメイクさんたちは「ニュアンスがつけやすくてアレンジしやすい」って
褒めてくれるけど、おうちでシャンプーをした後はちゃんと乾かさないと
広がっちゃって大変な、どちらかというとお悩み髪の持ち主です。
そんな私が憧れているのが毛先までするんとまとまって指通りのいいツヤツヤの髪。
素髪がキレイだとそれだけでその人の魅力がアップしますよね。
少しでも理想に近づけるよう、ホームケアを頑張って、月に1回はサロンで
メンテナンスをするのがルーティン。ここではそんな私のヘアスタイル、
ヘアケアのこだわりとお気に入りのヘアアレンジをご紹介させてください。

ケアパートナー。

月に1回サロンに行くとしたら、
セルフケアで過ごすのが353日。
こだわらないわけにはいかないよね。

IN BATH ITEMS

A. EraL PREMIER
バランシングシャンプー SY
400ml／[医薬部外品] ※サロン専売品

「大豆タンパク由来の洗浄成分配合で頭皮を潤しながら洗える。使い始めてからパサつきやぎしぎし感が改善されて、ずっと調子いい」

B. moremo
ウォータートリートメント ミラクル10
200ml ／WONDER LINE

「たった10秒浸透させて洗い流すだけでダメージをディープに補修できる液体状のトリートメント。週2回のスペシャルケアに」

C. oggi otto
インプレッシブPPTセラムマスク MM
180g／テクノエイト ※サロン専売品

「クセやパサつきが気になる髪にうるおいをチャージできる、モイスチャータイプのヘアマスク。洗い流した直後から手触りがするんです」

TOOL

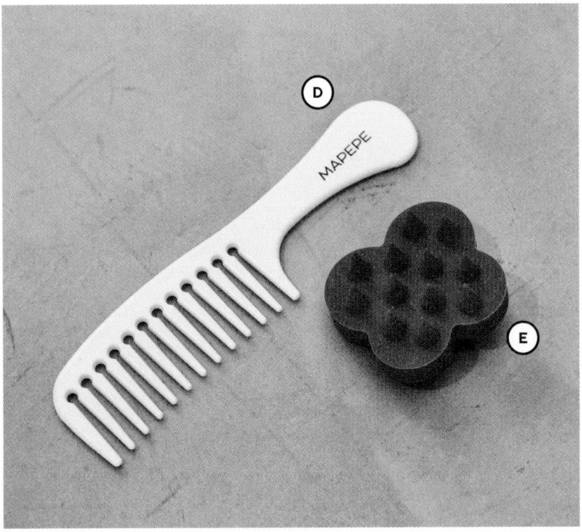

D. uka
ウカ スカルプブラシ ケンザン ソフト
／uka Tokyo head office

「シリコーン製でできた頭皮用ブラシでシャンプーのついでに頭皮をマッサージ。毛穴もすっきりするしフェイスラインが上向きに」

E. MAPEPE
バスタイムヘアケアコーム
／マペペ

「ヘアトリートメントをなじませてからコーミングすることで、美髪成分を全体に行き渡らせられるコーム。お値段以上の実力です」

RECOMMEND
HAIR CARE ITEMS

ゆきりんのヘア

OUT BATH ITEMS

F. O by F
リッチオイル
80ml／オーバイエッフェ

「ホホバオイルなどエモリエント効果と浸透力の高い天然由来の成分が髪を補修しながらツヤツヤに。主にスタイリング剤として愛用」

G. oggi otto
セラムCMCミルキィ
200g／テクノエイト ※サロン専売品

「マカデミアナッツ種子油やミツロウを配合。髪の内部を補修しながらキューティクルをケア。テクいらずで毛先までまとまって感動」

H. AVEDA
パドル ブラシ
／アヴェダ

「密度がちょうど良くて髪をとかしやすいし頭皮への刺激も気持ちいい。ドライヤーをするときにも使うし、かなり万能で頼りにしてます」

SPECIAL CARE

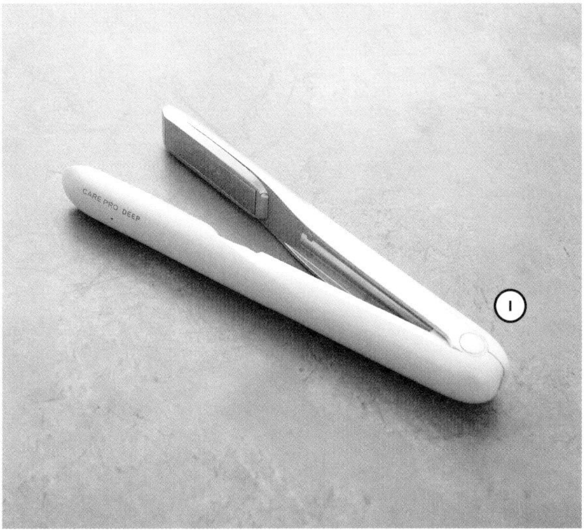

I. CARE PRO
CARE PRO DEEP
／CARE PRO

「ヘアトリートメントの浸透力を促進してくれる超音波アイロン。約3分でサロンクオリティのケアができるハイテクなガジェット。時間に余裕があるときに即、投入」

HOW TO

髪全体にヘアトリートメントをなじませる。髪を適量すくって根本から毛先までゆっくりCARE PRO DEEPを動かす。全体にできたら、ヘアトリートメントを洗い流せば完了

A
B
C
D
E
F
G
H
I
J
K
L
M
N
O
P
Q
R
S
T
U
V
W
X
Y
Z

ヘアアレンジ4

ヘアアレンジって、昔から大好きなんです。
でも、あまり手先が器用な方じゃないから
ヘアアクセのチカラを借りて楽しんでます。
どれも1分でできるから、よかったら参考にしてね。

HAIR ARRANGE 2

キャップ × 玉ねぎポニー

こなれ感が出せる秀逸なアレンジ

苦手だったキャップを『TWICE』のミナちゃんに憧れてかぶってみたらちょっとしたマイブームに。カジュアルな変形ポニーと合わせておしゃれに。

HOW TO

襟足で全体を一つ結びに。等間隔にゴムを結んで〝ポコポコ〟を作ったらおでこ1/3までキャップをかぶる。前髪を少し引き出して。

HAIR ARRANGE 1

キラキラピン × さらさらストレート

簡単×キュートの代表アレンジ

シンプルなストレートスタイルにビジューがついたピンを等間隔に並べて挿すだけで一気に華やかに。ステージでもプライベートでも登場頻度が高めです。

HOW TO

全体にストレートアイロンを通す。前髪ごと全体をセンターで分けサイドの髪を耳にかけワックスでタイトに。ピンを並べて飾る。

ヘアアクセに頼ればテッパン可愛い♡ ヘビロテ

A B C D E F G H I J K L M N O P Q R S T U V W X Y Z

HAIR ARRANGE 4

カチューシャ × ナチュラルダウン

実は『AKB48』のカチューシャ担当

カチューシャは衣装でもよくつけていてずっと好き。センス良くガーリーでいいですよね。大人になってからはボリュームタイプか華奢なデザインの2択!

HOW TO

コームの先端でセンターパートにして、コテで毛先を内巻きに。前髪をパラパラおろしてサイドを耳にかけ、カチューシャを装着。

HAIR ARRANGE 3

ベロアリボン × ハーフアップ

インスタントでロマンティック♡

ハーフアップの結び目にベロアリボンを結ぶだけ! ちなみにリボンは手芸屋さんでゲットするのがオススメ。太さやカラーのバリエがあるしプチプラ。

HOW TO

センターパートにして前髪を薄くおろす。耳より上の髪を手ぐしですくってハーフアップ。ゴムで結んだ上にリボンを結んで完成。

LOVEに囲まれていきていくっ!!

私が好きなもの2トップは〝コスメ〟と〝サンリオ〟。
美容は趣味と実益を兼ねているので〝コスメ〟は気になるアイテムを
見つけたらどんだけ課金してもいいことにしています。
〝サンリオ〟は「大人だからそろそろ……」と卒業を試みて、
ポーチやスマホケースをモノトーンとかシンプルなデザインのものに
変えてみたこともあったんです。でもある日を境に
「一周回って、30代になっても好きなものは好きって貫き通してる方が
潔くていいじゃん!」って、思い直したんです。
だって、誰に何を言われようと、どう思われようと、
自分が好きなものに囲まれて生きていくって、
それだけでテンションがアガるから。
そんなわけで、家の寝室の棚にはサンリオのキャラクターの
フィギュアやお店で引いたくじの景品が大量に陳列されています。
〝好き〟っていう気持ちに素直になって生きていくのって、
それだけで最高に楽しい!
皆さんもこの機会に封印している〝LOVE〟を解き放ってみませんか?

A B C D E F G H I J K L M N O P Q R S T U V W X Y Z

LOVE FOREVER

A
B
C
D
E
F
G
H
I
J
K
L
M
N
O
P
Q
R
S
T
U
V
W
X
Y
Z

MAKE UP! UP! UP!

メイクって、なりたい自分になれる〝魔法〟みたいなものだと思うんです。
好きな色を纏うだけでテンションがアガるし、テクニックを駆使すれば
コンプレックスを解消することだってできちゃうのがすごいですよね。
そして私の中には、すっぴんの自分は未完成で違和感がある感じがして、
メイクをして初めて〝柏木由紀〟が完成する感覚があります。
私がそんなメイクのパワーに気がついたのは20代後半くらい。
SNSをチェックしていたら「この世にはこんなにたくさんのコスメがあるんだ」って
いう事実を知って、気になるアイテムをかたっぱしから試すようになったら、
自分の可愛さを更新していけるプロセスに夢中になっていきました。
何より、メイクを味方につけてから自分に自信が持てるようになって、
気持ちも前向きになれて、いつの間にか
ハッピーサイクルの中を生きている気がします。
だから、他のものを買うときは「高いからやめとこ……」ってなったり
するんですけど、コスメにだけはお金を惜しまないって決めています。
課金した分キレイになって返ってくるので、投資する価値、充分です。

A
B
C
D
E
F
G
H
I
J
K
L
M
N
O
P
Q
R
S
T
U
V
W
X
Y
Z

実況中継!

気になるコンプレックスをクリアにしながら
チャームポイントを引き立てるのがモットー。
"柏木由紀"顔の作り方を愛用品とともにお届け。

① 下地

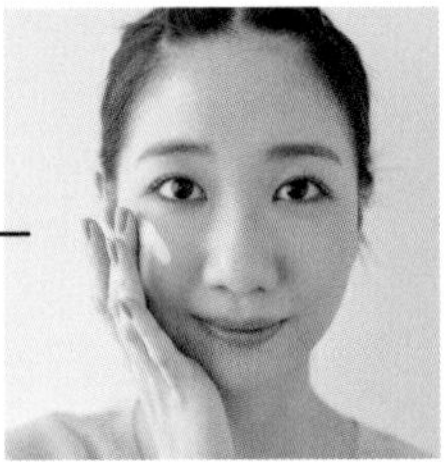

色ムラの補正からスタート

イエローの下地、パール一粒大を顔全体に薄くのばす。均一になじませて、色ムラをオフ。

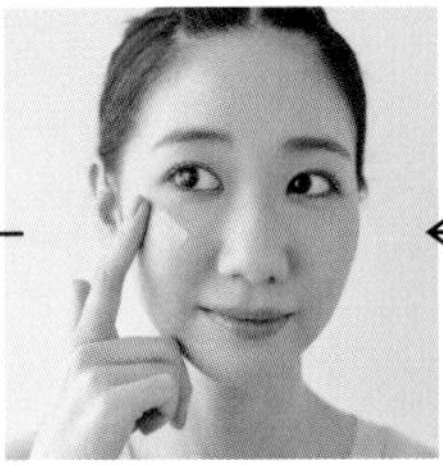

高保湿ベースを超密着させる

ベージュの下地、パール一粒大を顔全体に広げる。タッピングしながらなじませて肌に密着。

使うのはこのくらい

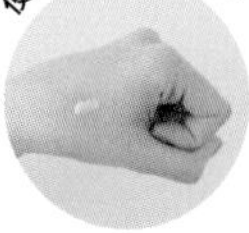

ウォンジョンヨ
トーンアップベース
ライムイエロー
SPF44・PA+++
／Rainmakers

クレ・ド・ポー
ボーテ
ヴォワール
コレクチュールn
SPF25・PA ++

② コントロールカラー

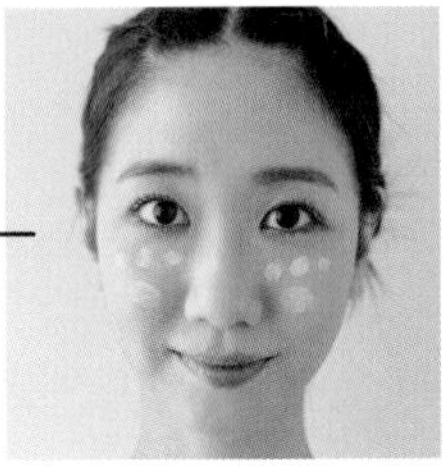

"ブルー"の力で透明感アップ

ブルーのコントロールカラーをくすみが気になるところに薄く重ねて、肌色をトーンアップ。

ジバンシイ
プリズム・リーブル・
スキンケアリング・
コレクター ブルー
／パルファム ジバンシイ

⑤ 仕込みシェーディング

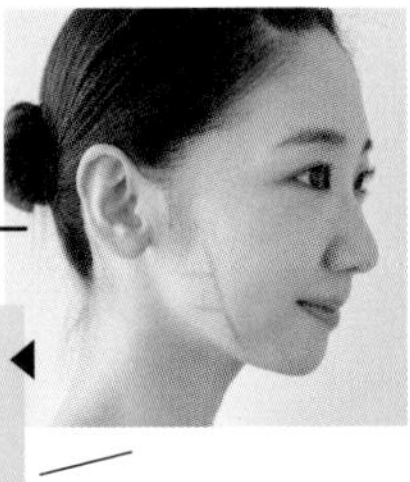

サイドにスライド

フェイスラインに影を仕込む

『コントゥアペン』の先端で耳からアゴのゾーンに写真のようなラインをシュッと引く。輪郭をシュッとさせたいところに影をつけて削るイメージ。その上を『ブラックスポンジ』でタッピング。顔の外側に向かってトントンとぼかしていく。

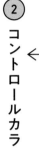

&be
ブラック
スポンジ
／Clue

&be
コントゥアペン
／Clue

⑥ 追いコンシーラー

肌のノイズを一掃していく

ここで一度鏡をチェックして影やトラブルが気になる場合はさらにコンシーラーでカバー。

A
イプサ
クリエイティブ
コンシーラーe
SPF25・PA+++

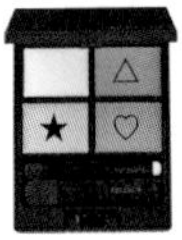

B
コスメデコルテ
トーン
パーフェティング
パレット 00

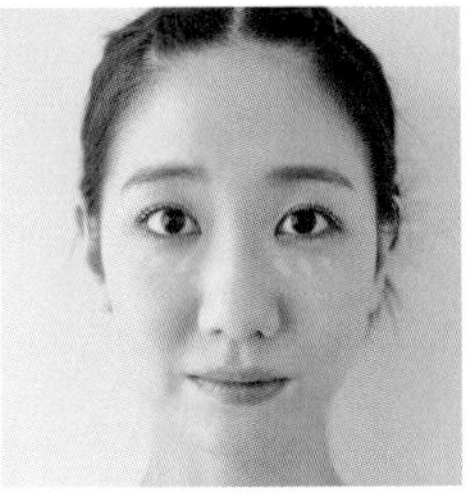

クマ・口角の影

Aの♡と★を混ぜ、カバーしたいところにピンポイントでのせたら指でトントンとなじませる。

＼ナチュラルに盛れる!!／

ゆきりんのいつもメイク

3 コンシーラー

クマを“追い”カバーする

コンシーラーを筆の先端にとり、手の甲で量を極少量にしてからクマの上になじませる。

超微量

クレ・ド・ポー ボーテ パンソー（コレクチュール）n

LUNA ロングスティングチップ コンシーラー 01／本人私物

4 ファンデーション

トントントントン

クッションファンデで仕上げ

キープミストをスプレーしたパフにファンデーションをとる。手で量を調節してから顔全体にトントンとなじませていく。

事前に2プッシュ

▼

トントン

クレ・ド・ポー ボーテ タンクッションエクラルミヌ オークル 10 SPF25・PA+++

KOSÉ メイク キープ ミスト EX 85ml／コーセーコスメエンス

7 フェイスパウダー

ブラシを駆使して顔全体に

パウダーをブラシにとって手の甲でトントン。量を調整してからスタート。よりキレイな仕上がりを目指して、2つのブラシを使い分けるのがポイント。頬やおでこなど広い部分はシェーディングブラシ、目尻や小鼻の脇など細かい部分はアイシャドウブラシを使うのがオススメ。

Ancci brush リス毛ベース アイシャドウ ブラシ ebony20

Ancci brush 輪郭修正 シェーディング ブラシ ebony04

SUQQU オイル リッチ グロウ ルース パウダー

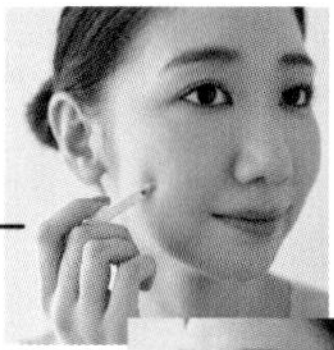

ニキビ

ニキビが赤い場合はニキビの周りをBの△でぼかし、Bの♡と★をブレンドして肌色に近い色を作り、重ねる。赤くない場合は△を仕込むステップはカットして。

① 仕込みアイシャドウ

A

Ameli
ステップベーシック
アイシャドウ 219
／本人私物

B

Ancci brush
リス毛ベース
アイシャドウブラシ
ebony20

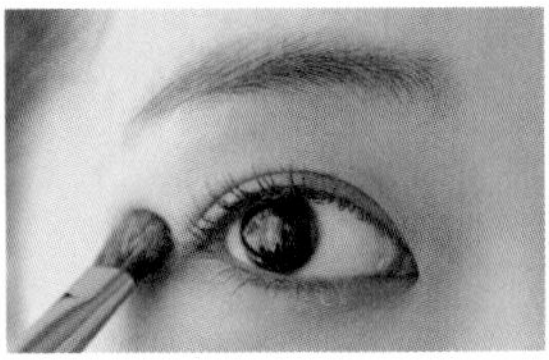

薄ピンクで大胆に目を囲む

薄ピンクをブラシにとって、目の周りをぐるっと囲む。上は眉下まで広げ、目尻より外側まで大胆にはみ出させて、下まぶた全体にもふわっとなじませる。膨張色と言われるピンクを広めにのせることで視覚的に目を大きく見せるためのステップ。ファンデーションとアイメイクを自然になじませる目的も！

＼いまココ！／

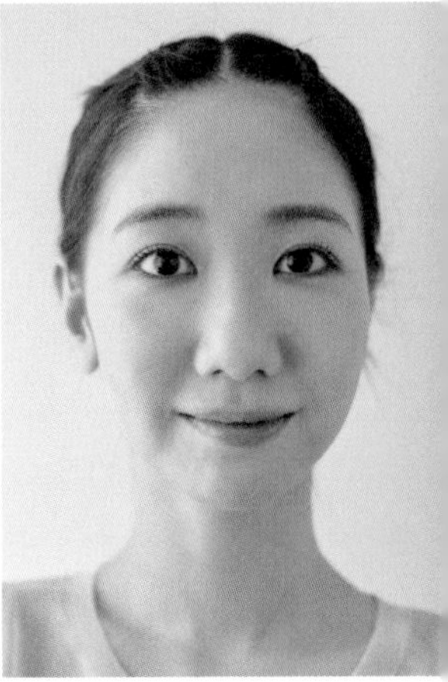

ベースメイク完成

② アイブロウ

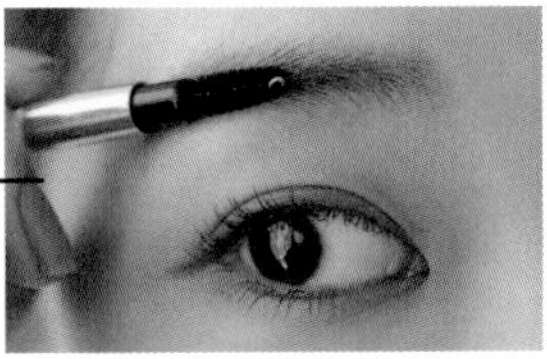

最初に毛流れを整える

スクリュウブラシで眉頭から眉尻に向かってささっとブラッシング、毛流れを整えて。

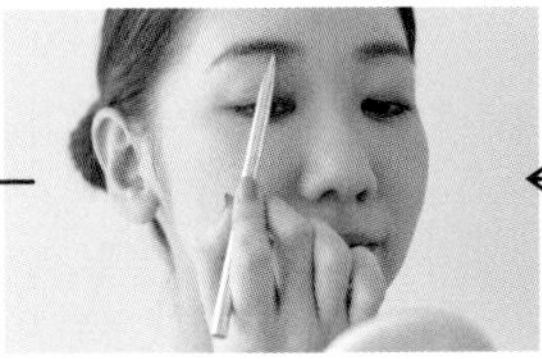

アンダーラインを整える

ペンシルで眉の下のラインをなぞっていく。眉頭側は少し空けて平行気味に。毛が足りないところをついでに足していく。鏡を斜め下に持って少しアゴを上げると眉下が捉えやすい！

エレガンス
アイブロウ スリム BR25
／エレガンス コスメティックス

③ 仕込みマスカラ

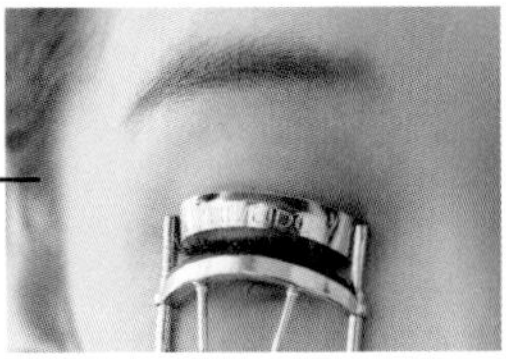

上まつ毛を外向きにくるん

アイラッシュカーラーで上まつ毛の根本を挟んでぐっと上向きに。少し外側に向けてカール。

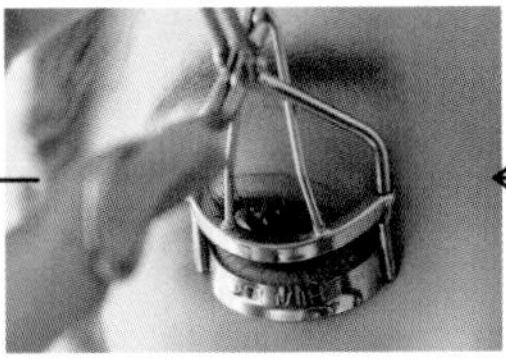

下まつ毛は真下にカール

アイラッシュカーラーを逆手に持って下まつげの根本をはさみグッとテンションをかける。

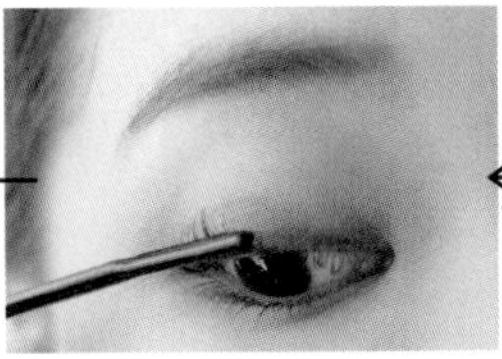

上まつ毛にマスカラ下地を

上まつ毛にだけ、エテュセのマスカラ下地を塗る。根本から毛先に向かって、均一に塗って。

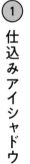

エテュセ
アイエディション
(マスカラベース)

資生堂
アイラッシュカーラー
213

くすみピンクを重ねる

アイパレットの△をブラシでアイホールに重ねる。ナチュラルな影になって奥行きをプラス。

C

upink
シャインオン
ステージアイパレット 01
／Rainmakers

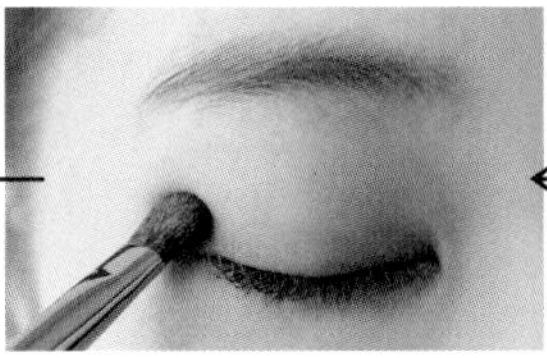

ちょっと垂れ目っぽさを意識

アイパレットの■を目頭から目尻に向かってブラシでアイホールの半分幅に重ねる。目尻まできたらそっとくの字に囲んで。

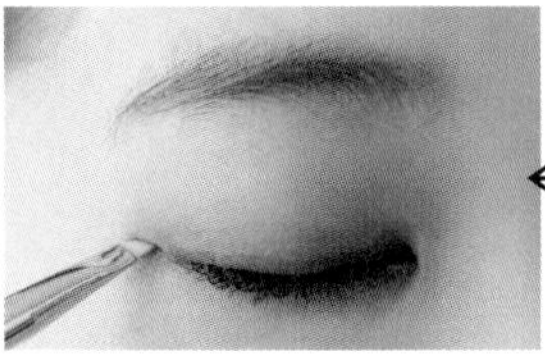

ダークブラウンをライン状に

小さな平筆でパレットの★を目頭側が少し幅広めになるように、上まぶたのキワ全体に引く。アイラインのベースを描く意識。

D

okhee
エッジアイブラシ NUN05
／本人私物

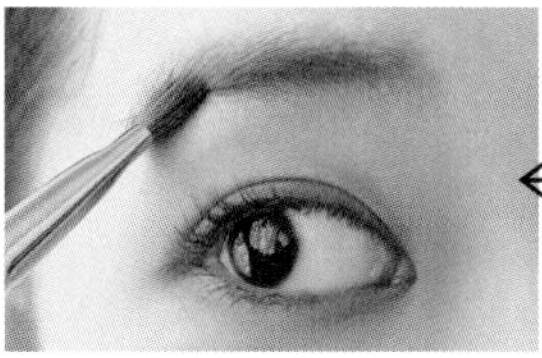

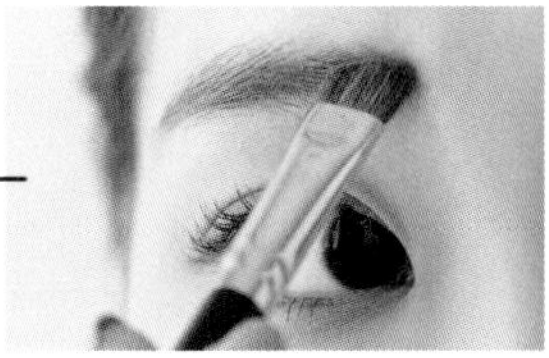

パウダーで全体を埋めていく

パレットの△と★、上下の2色を混ぜて、眉毛の上下の幅を整えながら眉頭を外したところから眉尻をぼかす。

さっき外した眉頭は一番薄い△でぼかして、先にのせたパウダーと自然につなげて、眉全体をふんわりしたシルエットに。

キャンメイク
ミックスアイブロウカラー C01
／井田ラボラトリーズ

Ancci brush
プチAncciコレクション
アイブロウブラシ TR27

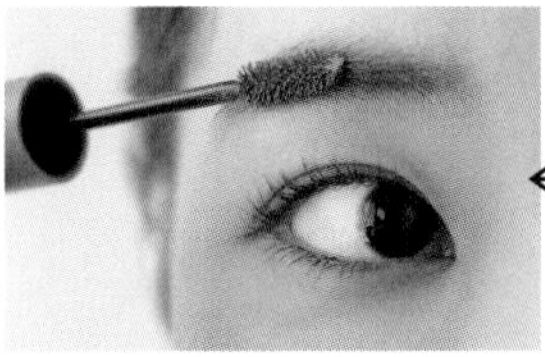

眉マスカラを全体に

髪色よりワントーン明るい眉マスカラを眉頭から眉尻へ。位置を少しずつずらしながらサッサッとのせていくのがポイント。

rom&nd
ハンオール
ブロウカラ 03
／韓国高麗人参社

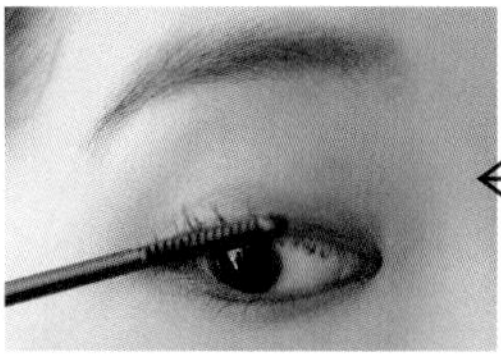

マスカラをたっぷり重ねる

ベースが乾いたら、まつ毛の根本から気持ち外側に向けるイメージで上まつげ全体に塗る。

キングダム
束感カールマスカラ
クリアブラック
／キューティス

| COLUMN |

アイライナーは2種類をカスタム使い

ステージでは ブラックを重ねる

ファンの皆さんの前に立つときは照明で飛ばないように、上まぶたのキワ全体にブラックのリキッドを重ねて目ヂカラを強調。

CAROME.
リキッドアイライナー
ブラウンブラック／I-ne

基本は ナチュラルなブラウン

アイラッシュカーラーを使ってマスカラを塗る前に使用。目頭から目尻に向かって上まぶたのまつ毛の生え際を先端でちょんちょん埋めていく。目尻まできたらサイドにまっすぐフェードアウトさせる。

キャンメイク
クリーミータッチライナー 02
／井田ラボラトリーズ

④ アイシャドウ

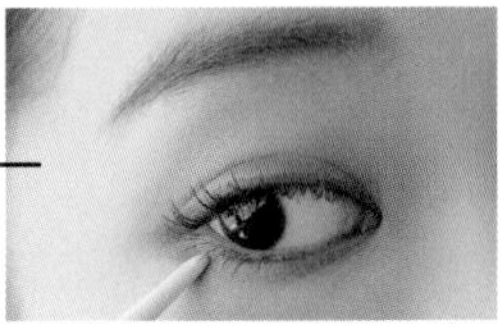

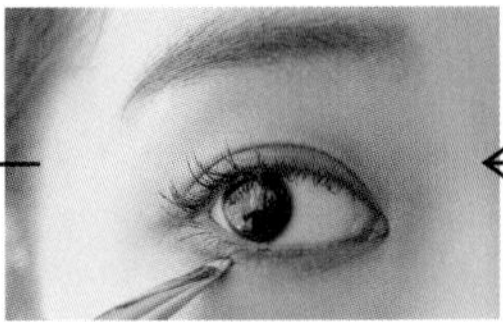

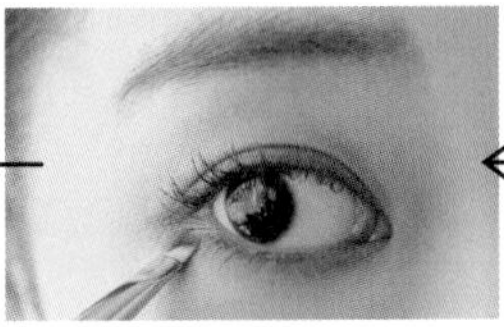

目尻下げ気味に 下ラインを引く

目頭と目尻を幅広めになるように下まぶた全体に引く。下まぶたは少し下げ気味に。

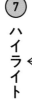

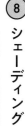

B IDOL
イージーeyeライナー 101
／かならぼ

平行下ラインで 瞳を拡大!

アイパレットの■を黒目の下から平行気味に引き、目尻まできたら自然にフェードアウト。

A upink
シャインオン
ステージアイパレット 01
／Rainmakers

下げラインで 垂れ目感を強調

アイパレットの★を黒目の外側から斜め下に下げながらなじませる。アイラインを引いている場合はその端と繋げるのが◎。

okhee
エッジアイブラシ
NUN05／本人私物 B

⑥ チーク

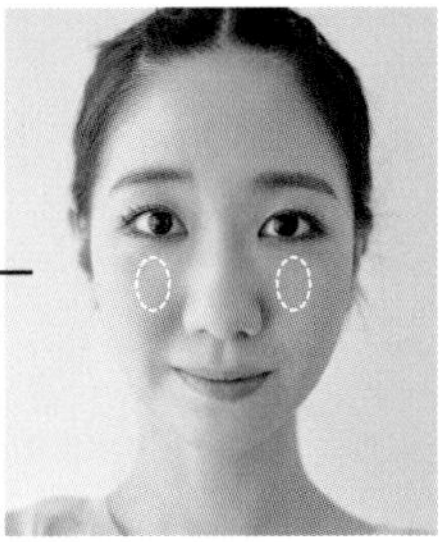

チークは本気で さりげなく!

黒目の下に小さく丸く入れた後、頬骨の下にも入れて縦長に。感じる程度に薄くでOK。

A'pieu
パステル
ブラッシャー PK07
／ミシャジャパン

Ancci brush
影職人シェーディング
ブラシ ebony18

⑦ ハイライト

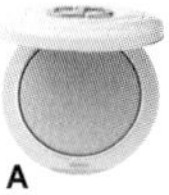

A ディオール
ディオールスキン
フォーエヴァー
クチュール ルミナイザー
02／パルファン・
クリスチャン・ディオール

B ディオール
バックステージ フェイス
グロウ パレット 004／
パルファン・クリスチャン・
ディオール

C Ancci brush
影職人シェーディング
ブラシ ebony18

D Ancci brush
アイメイク好きの為の
こだわりアイシャドウ
ブラシ ebony40

⑧ シェーディング

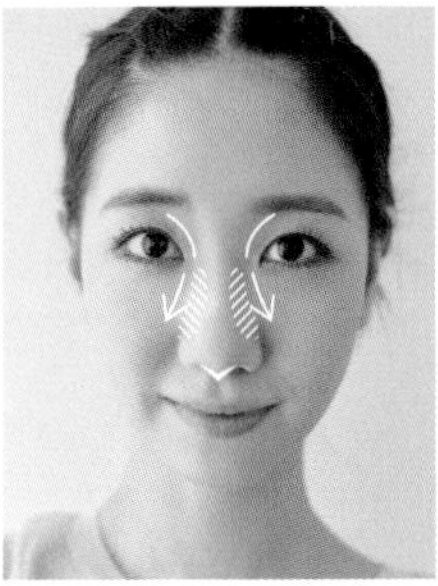

鼻筋をシュッと高く!

皮脂によるテカリと崩れを防ぐために、一度ブラシにフェイスパウダー**A**をとってから、シェーディング**C**の△を重ねて、影をつけて削りたい部分に**B**のブラシでオン。眉下から目頭にかけてのくぼみ、鼻の両脇と鼻筋の外側、鼻の輪郭をVに囲みつつ、鼻の付け根に小刻みにのせていくのがゆきりん流。

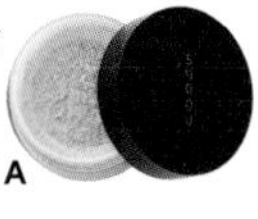

A SUQQU
オイル リッチ
グロウ ルース
パウダー

B Ancci brush
小鼻にON ノーズ
シェーディング
ブラシ Ssize
ebony07

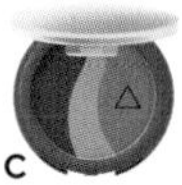

C Ririmew
シアーマット
シェーディング 01
／コージー本舗

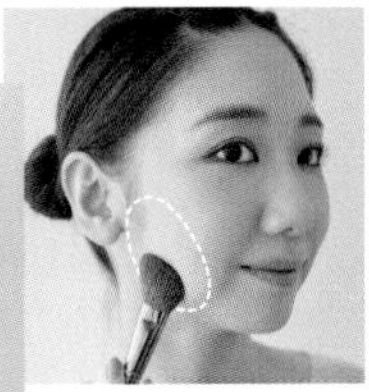

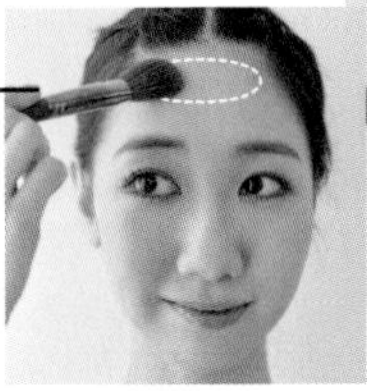

小顔を作る影をプラス

シェーディング**C**の3色を混ぜて仕込みシェーディングをした耳より下からアゴのゾーンに**D**のブラシで重ねる。おでこに横向きにふわっとのせて、小顔効果をアップ!

D Ancci brush
輪郭修正
シェーディング
ブラシ
ebony04／
Ancci brush

5 追いマスカラ

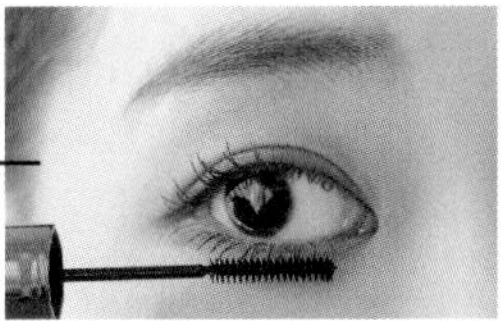

下まつげは下向きにたっぷり

下まつ毛全体にたっぷり塗る。コンプレックスの長い頬を縮めるためにまっすぐ下向きに。

デジャヴュ
ラッシュアップ
ブラック／イミュ

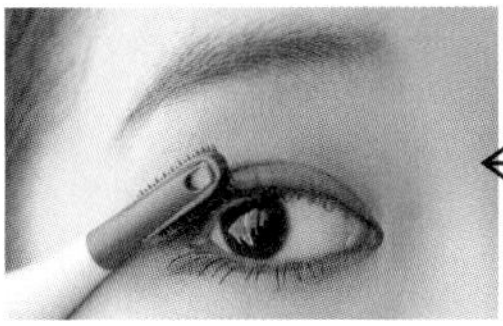

仕上げにホットビューラー

上下ともちょっとだけ毛流れが外側にいくようにホットビューラーでクセづけてフィニッシュ。

まつげくるん
セパレートコーム
EH-SE51
／パナソニック

目元

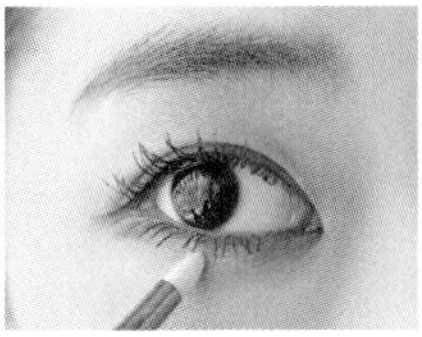

ニコッとして黒目の下の「涙袋があったらいいな」と思う位置に**A**を**D**のブラシでのせて、涙袋を演出。

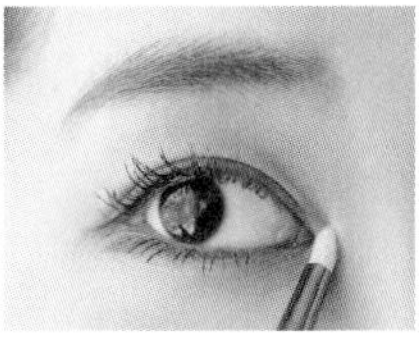

目頭のくぼみにも**A**を**D**のブラシでポンとのせて目のフレームに開放感を出す。

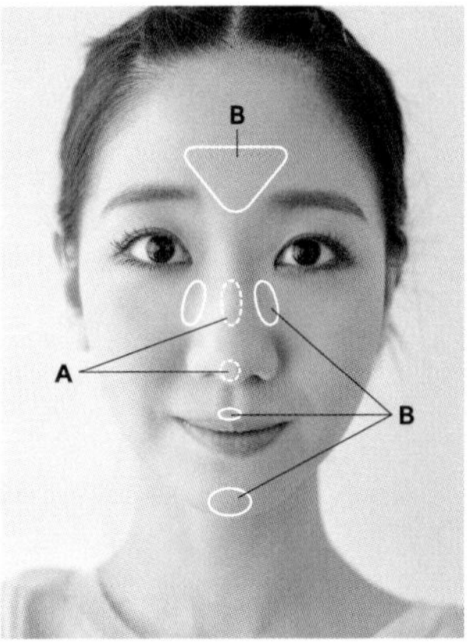

顔

光を集めて鼻筋をスラッと!

シアーなピンクのハイライト**A**を鼻と目の下あたりから1.5cmと鼻先にチョンとおく。

さらに光で立体感を演出!

Cのブラシで**B**の■を立体感がほしいところに。おでこと鼻の脇、唇の山、アゴの手前にオン。

9 リップ

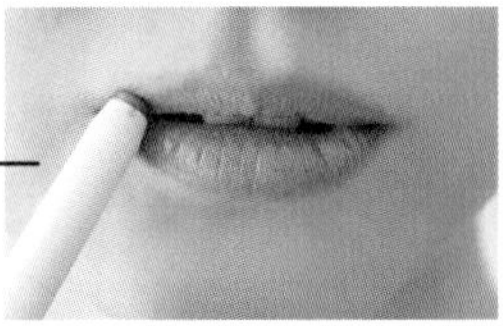

上唇にオーバーラインを引く

リップライナーで輪郭を囲む。この時、薄いのが気になる上唇をふっくらさせるために、上だけオーバー気味にならかする。

Heart Percent
ドット オン ムード
リップペンシル 02
／本人私物

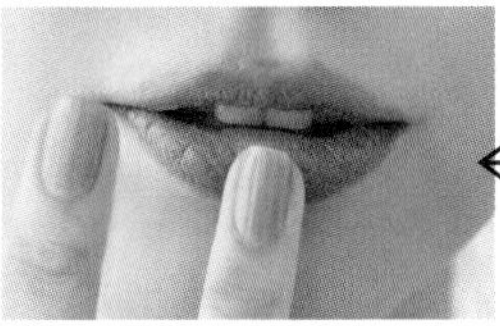

Y塗りでグラマラスに

唇の山をなぞって、上唇の真ん中に短くIを塗って"Y"を描く。上下とも輪郭をなぞる。指でトントンとなじませて完成。

peripera
インク ムード
グロイ
ティント 05

Y塗り!

FINISH!

ポーチの中身

メイクしたての仕上がりを1日中キープしたいから、お直し用のコスメを必ず持ち歩くようにしています。パパッと使える優秀なコを目的別にピックアップ。

A. 花西子
玉養桃花 プレストパウダー 02

「片栗粉みたいなサラサラ系のパウダーで、Tゾーンのテカリが即リセットできて頼れる。ミラーが付いているところも外出先で重宝」

B. peripera
インク ムード グロイ ティント 05

「ティント処方で色持ちが良くて、落ち方すらキレイなので、塗っていて安心。ブライトレッドが肌色を明るくしてくれるところも好き」

C. Heart Percent
ドットオンムード リップペンシル 02
／本人私物

「上唇が薄くて、唇をぽってり厚めに見せたい私の必需品。SNSで韓国のアイドルの子たちが使ってるのを知ってQoo10で即行ゲット」

D. AMERI
ステップベーシック アイシャドウ 219
／本人私物

「〝バレリーナ〟と名付けられたこの肌なじみのいい薄ピンクを目の周りに広くのせると目が大きく見えるんです。ヘアメイクのウォンジョンヨさん直伝のテクで、これを使わないと心が落ち着かない」

ポーチはキキララ♡

「サンリオの中で一番好きなキャラクターは『リトルツインスターズ』。ポーチってバッグの中ですぐ目につくし、好きなデザインのポーチの中に大好きなコスメが入ってるって考えるだけでごきげん♪　適度にマチがあって収納力が高いところも魅力」

持ち歩くのはお直しに
必要なちょっとだけ♡

ゆきりんの

E. LUNA
ロングラスティング
チップコンシーラー 01
／本人私物

「少量でめちゃくちゃ伸びが良くて、カバー力が絶大なのに、時間がたってもカピカピにならず潤ったまま、まさに理想のコンシーラー」

F. upink
ドリーミーグロウチーク
／Rainmakers

「リップとしても使える練りチークはとりあえず持っていると安心。お風呂上がりの血色感みたいに内側からじゅわっと湧き上がるような発色を目指して開発しました。我ながらすごくお気に入りです♡」

G. コスメデコルテ
トーンパーフェティングパレット 00
／コスメデコルテ

「ニキビができやすいので、日中ベースメイクがよれてきたときにこの太い筆でササッとカバーできて便利。色が調整できるのもいい」

J. Wonjungyo
フィッティングクッション グロウ
01 ペールピンク
／Rainmakers

「みずみずしい使い心地で朝塗ったファンデーションの上に重ねても厚塗りにならず、ナチュラル。でも、カバー力はちゃんとあってツヤ感までアップしてくれる名品」

I. KATE
リップモンスター
01 欲望の塊
／カネボウ化粧品

「このレッド、チークなしでも顔色を明るくしてくれる天才カラーなんです。落ちにくいところも素晴らしくて、オンオフ問わずに活躍」

H. タカミ
タカミリップ
／タカミ

「とにかく保湿力が高くて、ベタベタしないし、水っぽすぎないテクスチャーが絶妙。メイクの前に使っても邪魔にならない上に、重ね塗りするとグロスみたいにツヤを足せるところも素晴らしい！」

スモーキーピンクをチョイスして大人の可愛さをエンジョイ

いつだって
ノってるメイクが
いちばん♡

ゆきりんのメイクアップSHOW

ALL PINK

ピンクのワントーンメイクが永遠に大好き!

いくつになったってピンクを愛する一途なキモチは変わらない♡
大人には大人のピンクメイクがあるんです! を、この機会に披露。

eye

ピンクのラメを効かせた
涙袋ぷっくり
グラデーション

lip

マシュマロ仕立ての
デリシャスピンクリップ♡

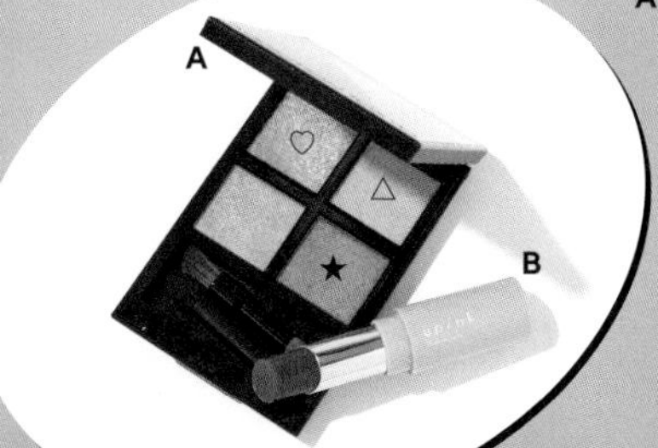

A. ADDICTION

ザ アイシャドウパレット
Vintage Tutu
/アディクション ビューティ

青みピンクのラメがキレイで、ニュアンスのある影色もセットされた捨て色なしのアイパレット。

HOW TO

△を上まぶたの眉下まで広げ、★を二重幅より広めに重ねる。♡を上まぶた全体にふわっとレイヤード。♡を下まぶた全体と目頭の下に乗せて涙袋をぷっくり。

B. upink

アディクトメロウリップ
01 チェリー
/Rainmakers

ピンクと赤のいいとこ取りしたトーンがずっと欲しくて、自分のブランドで作っちゃいました。

HOW TO

輪郭を気持ちオーバーめになぞってから、リップで唇をポンポンタッピングして全体に塗っていく。

KIRAKIRA IDOL

ステージで誰より輝けるっ!
キラキラ★アイドルメイク

ステージでパフォーマンスをする日はアイキャッチが入るように下まぶたをキラキラさせて
リップをうるちゅるにするって決めています。この2つの条件を揃えるだけで盛れる!

HOW TO

EYE：**A**を鏡を見て「ここがキラキラしてたら可愛いな」と思うところにのせていきます。一度ステージに立ったらなかなかお直しできないから、瞬きしたときヨレにくいところを狙うのも重要。上まぶたの目のカーブに沿って入れたり、下まぶたにちょんちょんてのせることが多いかな。**LIP**：**C**を唇全体に塗ったあと、上下の中央にだけ**B**を重ね塗りしてぷっくり。

eye & lip

ジュエルなおめめと
ジューシーな唇で
みんなのハートを盗むよ♡

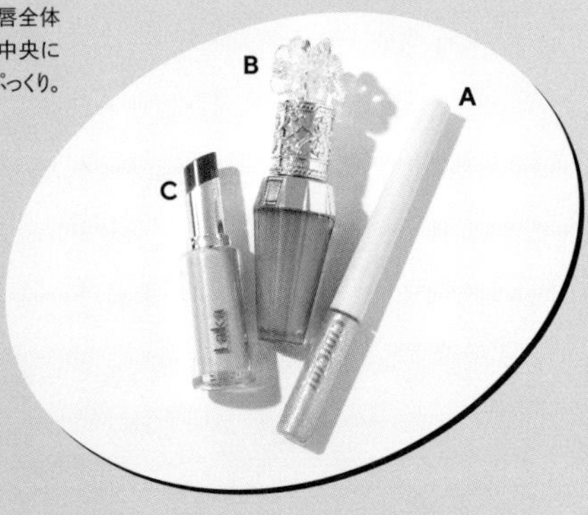

『AKB48』のシングル
『久しぶりのリップグロス』の衣装です。
このデザイン、大好き♡

C. Laka
ボンディング
グロウリップスティック
201／ラカ
ワンストロークでガラスみたいなツヤを叶えてくれるスモーキーなローズピンク。ティント処方。

B. JILL STUART
クリスタルブルーム
リップブーケ セラム 02
／ジルスチュアート　ビューティ
プランプアップ効果が期待できるシアーなクリアピンク。ステージで放つツヤの存在感が素晴らしい。

A. CipiCipi
グリッター イルミネーション
ライナー R
06 デイリーベージュ
／Rainmakers
シルバーとレインボーの小さなラメがぎっしり。ベージュ系で肌なじみが良く、細筆で描きやすい。

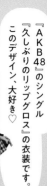

ファンのみんなの前でどんなにはしゃいでも360°キュートな柏木由紀の完成

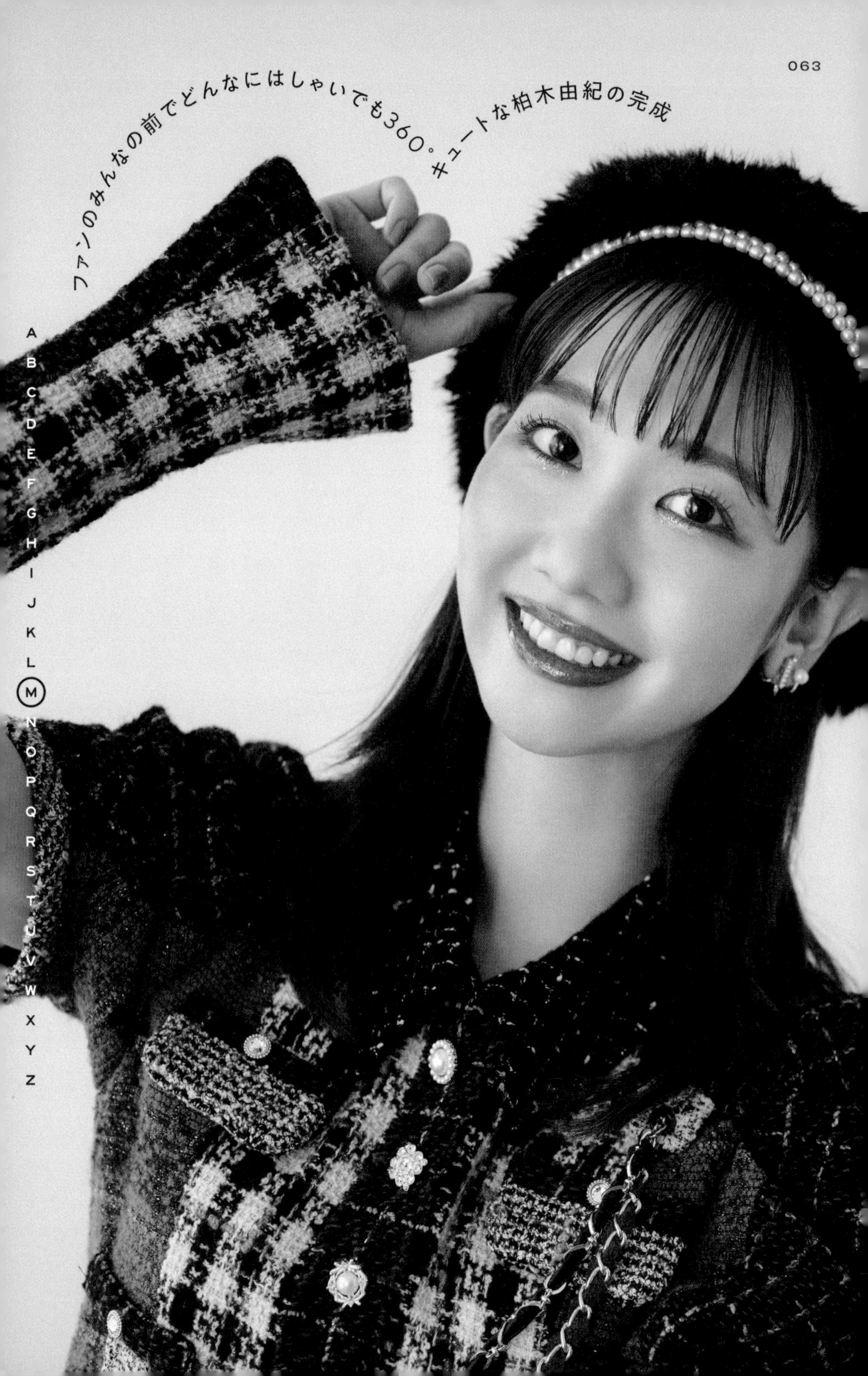

唇でドラマティックを気取りたいから
アイメイクやチークはいつもより引き算

MODE LIP

リップコンシャスがおしゃ! モードリップメイク

A
B
C
D
E
F
G
H
I
J
K
L
M
N
O
P
Q
R
S
T
U
V
W
X
Y
Z

基本は可愛い系が好きだけど、秋から冬にかけてはちょっとモードっぽいテンションの顔つきに惹かれます。インパクトのある媚びないディープカラーのリップをヒロインに指名。

lip

大胆なオーバーリップで自分本位なおしゃれを満喫

KATE

リップモンスター 06
2:00AM
／カネボウ化粧品

青みを帯びたシックなディープレッド。潤いリッチでグラマラスなボリューム感も叶えてくれる。

HOW TO

唇の山をなだらかにするイメージで輪郭よりオーバーに、直塗り。

I'm Nail Holic♡

私、昔はジェルネイル派だったんです。でも、プライベートでもお仕事でも毎日ファッションが
変わるから、それに合わせて指先もコーディネートした方がおしゃれ度がアップする気がして、
2〜3日に1回はセルフでネイルをチェンジするようになりました。お洋服の世界観と指先がリンクする
だけでウキウキするし、パッと鏡に映る自分のネイルを目にするだけでテンションがアガるから、
ネイルって、大好き♡ 爪のシェイプは長すぎず、短すぎずちょっとだけ先端を
ラウンドさせるのが定番。次の日のコーデを決めたら、前夜のうちに色と形を仕上げるのが
お決まりです。睡眠時間を削ってでもネイルを整えたい派です。

Favoriteぽりっしゅ♡♡♡

01

Natural

シーンや相手を選ばず好印象な
ナチュラル系のカラーは
ニュアンス違いで集めちゃう。

Ririmew
ネイルポリッシュ 04
／コージー本舗

「黄味が少ないシアーなピンクで手肌までキレイに見せてくれる神カラー。速乾性が高いところも魅力です」

CANMAKE
カラフルネイルズ N70
／井田ラボラトリーズ

「ちょっぴりヴィンテージライクなくすみピンクはいつもより大人っぽく仕上げたい日に指名します」

to/one
ネイルポリッシュ 02
／トーン

「ほぼほぼ肌なスキントーンのベージュ。肌なじみが良くて白浮きしなくて、万能。週5回使えるカラーです」

LUNASOL
ネイルポリッシュ 09
／カネボウ化粧品

「色が決められない時はとりあえずこれを塗っておけば安心。ミルキーなホワイトでどんな服にも合う!」

テイスト別 ゆきりん's

02

Vivid

アクセサリー感覚で取り入れたい
ビビッドカラー。夏やバカンスで
ペディキュアにするのもアリ♡

RMK
ネイルラッカー 09
／RMK Division

「トマトみたいな朱赤で肌色に溶け込みながら存在感を発揮。適度なくすみ感もおしゃれな運命のレッド」

PAUL & JOE
ネイルカラー 19
／ポール & ジョー ボーテ

「クリームっぽいイエローが肌色と好相性。まだ寒い時期に春や夏を先取りしたい時も活躍」

GUCCI
ヴェルニアオングル 713
／グッチ

「プレゼントでいただいて塗ってみたらシャーベットみたいで可愛くて、寒色にハマるきっかけに」

03

Kirakira

重ねたりポイント使いしても
キュートなラメも気付くと集めがち♡
ステージの指先も映えちゃいます。

JILL STUART
カラー ベース&トップコート 103
／ジルスチュアート　ビューティ

「カラフルなパール入りで光によってキラめきが変わるところがすっごくロマンティック」

CANMAKE
カラフルネイルズ N25
／井田ラボラトリーズ

「大粒のラメがぎっしり詰まったギラギラのスモーキーピンク。ペディキュアやライブの日にヘビロテ」

B IDOL
まいぽりっしゅ 09
／かならぼ

「ラメの密度が高くてひと塗りで自爪が見えないくらいキラキラになるところにゾッコン。どんな服にも合う」

O

おしゃれにまつわるエトセトラ♡

いくつになったってファッションも
大好きなゆきりんの
おしゃれ論を根掘り、葉掘り。
ALL本人の私物でお届けする
スペシャルなパート!

YUKIRIN' FASHION 3 RULE

ゆきりん'ファッション 3ルール

1. ハイウエストのボトムでスタイルアップ大作戦

胴の長さをカムフラージュするために、できるだけハイウエストのボトムを選ぶようにしています。実は、『AKB48』の活動で私に作っていただく衣装がどれもハイウエストで、私服に戻るたびに「胴、長! 足、短か!」ってびっくり。そのことに気付いてから、プライベートでもこのルールを採用。美脚効果もアップしていいことしかないです。同じ理由でワンピースもウエストに切り替えのあるものをチョイスします。胴体の長さは変えられないけど、シルエット作りの工夫は誰でもできるはず。コンプレックスに泣き寝入りしないで!

2. ベーシックなカラーでコーディネート!

デイリーはモノトーンやベージュ、パステル系など、コーディネートが組み立てやすいベーシックなカラーのアイテムがパートナー。時々、柄やビビッドカラーを手に取ることもあるけど、それはちょっと冒険したい日用。

3. 小物使いにこだわってこなれ感アップ!

シンプルなコーディネートに遊び心のある靴やバッグ、アクセサリーを投入して全体の印象にリズムをつけるのが好き。それとなくアクセントのある着こなしって、おしゃれ偏差値をアップしてくれる気がするんですよね。

お気に入りを大公開

ゆきりん'CLOSET

自分なりのルールをゆるく設けながらも、その日の気分で
いろんなテイストのファッションを楽しむのが好きだと語る、ゆきりん。
そんな彼女のおしゃれに欠かせないワードローブをピックアップ。
お気に入りのポイントや合わせ方のコツを添えてお届けします。

WARE

riders jacket
YVES SAINT LAURENT

運命のライダース見つけました

「世界中のファッショニスタが1つは持っているライダースを探し続けて出会ったのがコレ。どんなコーデにもハマって奮発した甲斐しかない」

blazer jacket
ebure

コーデの天才的なバランサー

「甘めのコーデにハンサム感をプラスしてくれるし、シンプルなコーデは洗練。バランスの調整役として大活躍。さらっと肩掛けするのも好き」

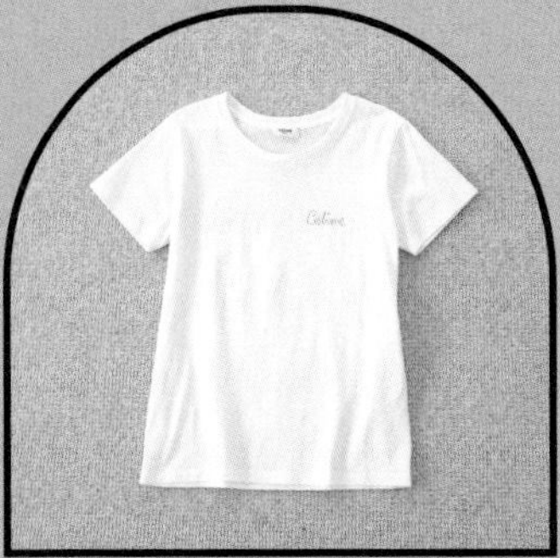

white t-shirt
CELINE

さりげないロゴに一目惚れ

「胸元にワンポイントでさりげなくブランドのロゴが刺繍してあるデザインに一目惚れして、めずらしく衝動買い。リッチなカジュアル感も素敵」

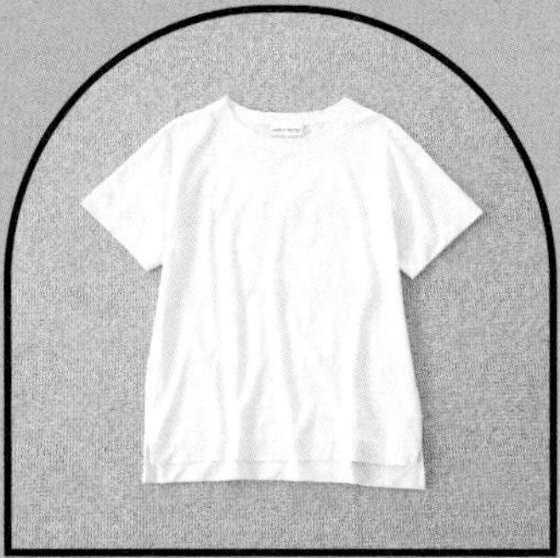

white t-shirt
UNDERSON UNDERSON

ボトムの名バイプレイヤー

「キレイめのスカートやデニムなど、ボトムをヒロインにしたいときの着こなしにヘビロテ。サラサラの珍しい生地感で肌触りがもいいんです」

knit
FURFUR

“鮮やか”を着たい日もあるんです

「少しはカラーアイテムも取り入れたいなと思ってゲット。肌色が明るくなるブルーで、私に合っているみたい。ここぞという日のニットです」

one-piece
FURFUR

ラクチンで可愛くてヘビロテ

「着心地がラクなのに裾のフリルが透けていたりとデザイン性もあって1枚でおしゃれしてる感も演出できる、地方出張の日に選びがちな1着」

skirt
Rosy luce

アクセント使いにピッタリ♡

「ともちん（板野友美）さんのブランドのスカートで『絶対、赤が似合うよ』って選んでくれて、実際、ヘビロテ。さすがのお見立てに感謝です」

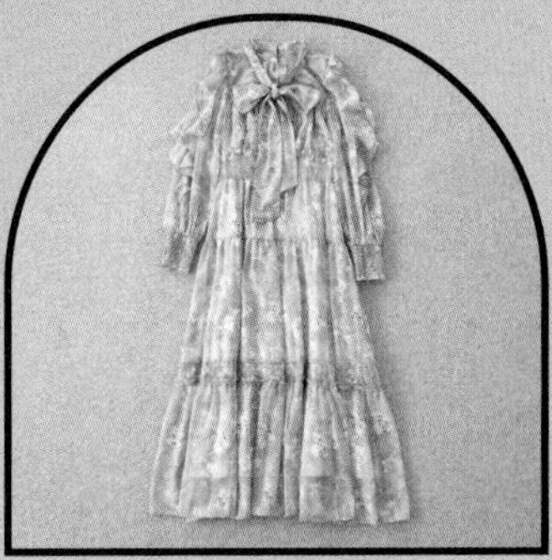

one-piece
SNIDEL

食事や取材日にきちんと感を演出

「1枚でちゃんとしている印象になれて、品よく華やかなデザインがお気に入り。襟元や肩のフリルが華奢な上半身をロマンティックにフォロー」

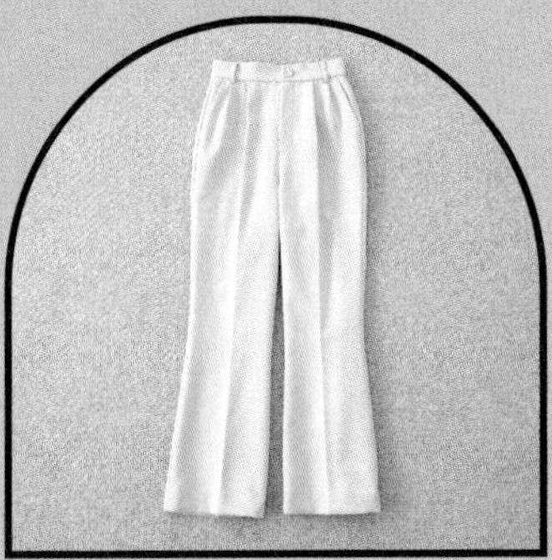

pants
SNIDEL

フレアパンツをレディに昇華

「ほんのりピンクでゴールドのボタンがアクセントになったデザイン。ネイビーとかキレイめのトップスに合わせて大人っぽく着こなすのが好き」

skirt
SNIDEL

華やかなフリルにときめき

「大きなフリルのレイヤードをしたハイウエストのスカートはカラーもシルエットもドンピシャでタイプ♡　モード感が甘めに漂うところも魅力」

A B C D E F G H I J K L M N O P Q R S T U V W X Y Z

SHOES

mule pumps
Dior

運命の出会いを果たしました

「ブラックのこの形のヒールをずっと探していた時に出逢って購入。フォーマルだけじゃなくカジュアルコーデをレディにしたいときにも活躍」

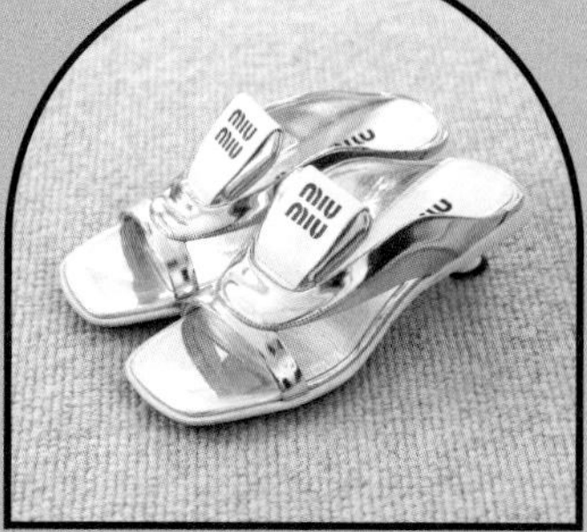

sandal
MIU MIU

シンプルコーデが華やかに

「サイドにちょっとピンクが入っているデザインが好き。Tシャツ×デニムみたいなコーデの盛り上げ役に最適。ヒールが低くて歩きやすい！」

sneakers
NEW BALANCE

配色も履き心地もドンピシャ

「ファッション誌の撮影の衣装として履いたら可愛すぎて即購入。ワンマイルのお出かけにはもちろん、ダンスのレッスンにも使えて天才的」

sandal
Dior

32歳のバースデープレゼント♡

「どんなに歩いても疲れない上に私服でリハーサルする時も踊れて、デザインも可愛すぎる。自分へのお誕生日プレゼント、奮発してよかった！」

loafers
TODS

コーデのハズし役にマスト

「ワンピースやボリュームのあるスカートなどキレイめのコーデをカジュアルダウンしたい日に投入。透け素材やラメのソックスと合わせても◎」

sandal
REZOY

大人可愛い透明感をプラス

「クリア×シルバーってほぼ色がない分、どんな色にも合わせられていいですよね。白い小花柄も程よくキュートで大人の夏にピッタリの一足」

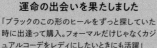

バッグと靴は大好きで、雑誌で新作をチェックして気になるものを
見つけると、店頭にダッシュする習性があります。
洋服を買う時とは違って、使いまわせるかどうかよりも、
インスピレーションで「可愛い!」と思ったものをチョイス。
結果、コーディネートのアクセントになるし〝大好き〟が集まっているから
収納スペースに並べて眺めているだけで幸せな気持ちに浸れます♡

BAG

crossbody bag
BUBERRY

洗練シンプルなブラウンレザー

「お財布とスマホと最低限のコスメだけ入れて手ぶらで出かけたい日のパートナー。レザーの質感が上品でキレイめな着こなしにもハマります」

pichette
Maison Margiela

さらっと持つだけでおしゃれ

「ちょっとお買い物に行く時に便利なミニサイズ。肩掛けも斜め掛けもできて使いやすいし、カジュアルなホワイトって合わせやすさも最強」

booktote bag
Dior

品良くレディなお仕事バッグ

「大きなメイクポーチがすっぽり入るから現場に行くときに重宝。ハンドルにバッグと同じトーンのピンク系スカーフを巻いたのもこだわりです」

Luggage
CELINE

デザインもスペックもスペシャル

「スモーキーなゴールドのチェーンがスタイリッシュで恋に落ちました。実は同じ形のベーシックカラーを持っているので、冒険カラーに挑戦!」

BRACELET

A. Louis Vuitton

エレガントさが引き立つ繊細なゴールド

「華奢なデザインのゴールドで、ヴィトンのモチーフがさりげなく入っているデザインの奥ゆかしさに惹かれました」

B. Tiffany&Co.

タイムレスな曲線美に心奪われました

「"Tスマイル"のブレスレットはふらっとお店に足を運んだ時に試着させていただいたらさりげないのに素敵で、購入」

EARRINGS

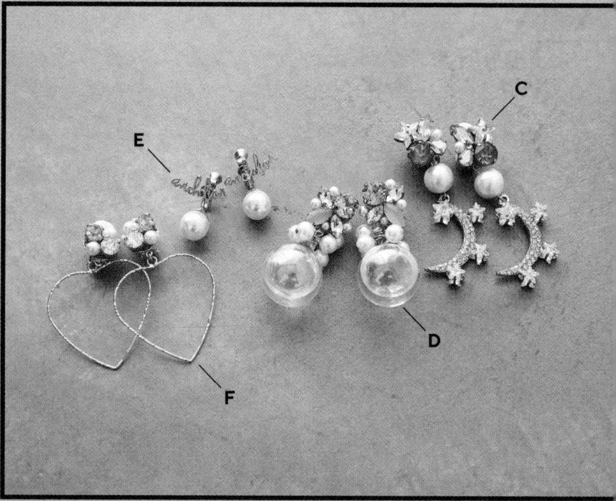

C. Rommy John

お仕事コーデのキュートな盛り上げ役

「"あなたの好きが見つかる"をコンセプトに雑貨みたいなデザインをたくさん展開していてどれも収録に映えるんです」

D. colza flap

クリアなデザインが条件反射で好き♡

「クリアなピンクの球体にお水が入ってるデザインがタイプすぎる。私服でメディアに出るときに華やかさをプラス」

E. Anchellion

デイリー使い1位のパールイヤリング

「アカリン(吉田朱里)のブランドのパールのイアリング。キラっとしたロゴがカジュアル感を程よく添えてくれます」

F. clochette

華奢なハートなら大人っぽくつけられる

「大好きなハートを大人になっても楽しめたらいいなと思っていた矢先に運命の出逢い。ビーズのあしらい方も素敵」

NECKLESSS

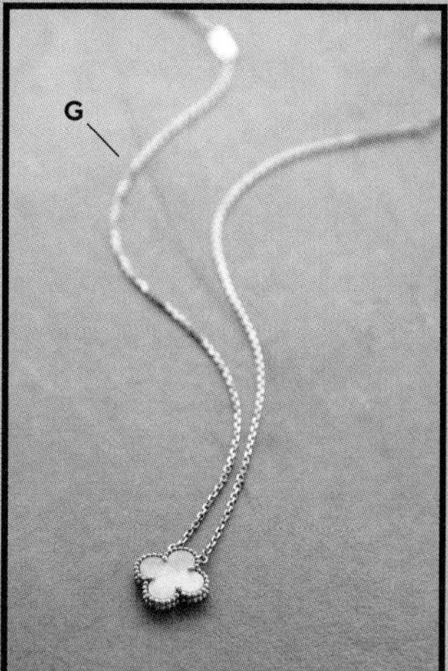

G. Van Cleef & Arpels

ずっと大切にしたい『アルハンブラ』

「四葉のクローバーからインスパイアされたモチーフの輝きが美しすぎます。冬に黒いニットに合わせるのが好きです」

RING

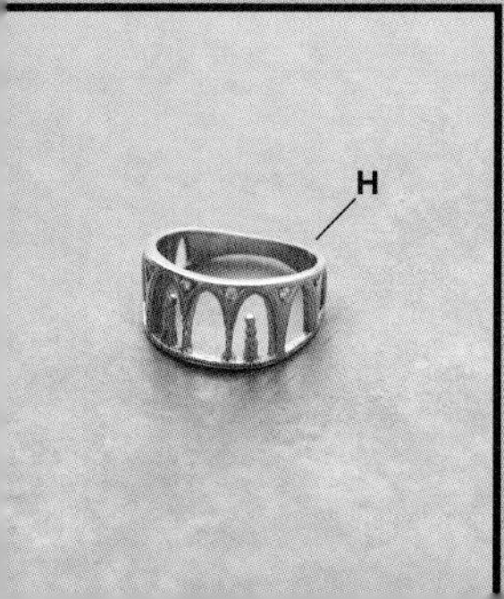

H. quarant'otto

ハイセンスな存在感が永遠に好きです

「ソロデビューした時にスタッフの方がプレゼントしてくれた大切なリング。ステージで身につける機会も多いです」

A B C D E F G H I J K L M N O P Q R S T U V W X Y Z

I. **DC**

いつもよりおしゃれを気取りたい日に

「女性に似合うデザインを追求してるブランドでブリッジが短いのでしっくりきます。室内でもかけられる薄いグレー」

GLASSES

WATCH

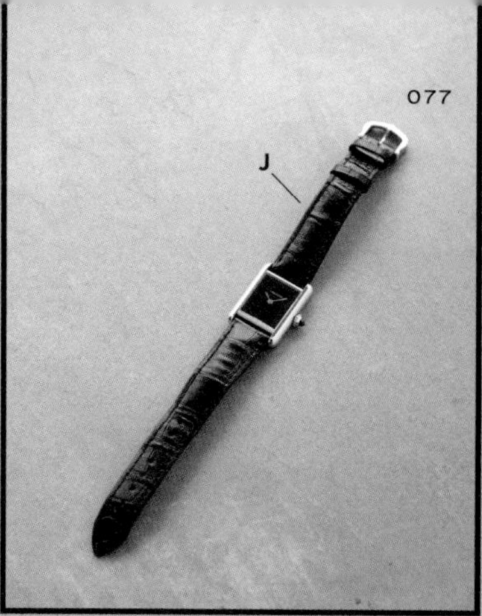

J. **Cartier**

上質なクラス感が漂うデザインにうっとり

「雑誌でモデルさんがTシャツ×デニムにこの時計をつけているのが素敵で購入を決意。最後の1点だったんです!」

K. **LOEWE**

どんなコーデとも相思相愛のオンリーワン

「ウエストをスタイリッシュに締めてくれるところが優秀。デニムにもスカートにもワンピースにも合うスグレモノ!」

BELT

FREGRANCE

I. **SHIRO**

ピュアな香りでおしゃれを仕上げます!

「両手首につけて首元にタッチしたら空中にスプレーしてその下をくぐります。家の中もこの香りで統一しているくらい好きな香りで、コロンはテンションをアゲるおまじない」ボディコロン サボン

P ぽんこつなわたし、万歳!

A B C D E F G H I J K L M N O P Q R S T U V W X Y Z

PONKOTSU

できないこと、めっちゃ多いです。

その分、いじられることも多いです。

でも、できないことをジョークで
突っ込まれたりするの、全然嫌いじゃないです。
そもそもできない人って思われると
過剰な期待を背負わなくていいのもラク。

これはしたくない人もいるかもしれませんが
明らかにできない雰囲気を出すと、
〝この人はこれができない〟が当たり前になる。
プレッシャーがない分のびのびとした気持ちで挑戦すると、
奇跡的にできたときめちゃくちゃ褒めてもらえて、ラッキーって思う。

私の場合は、
ポンコツぶってるわけじゃなくて
ほんとにポンコツなんだけど、
それならそれでいいじゃん、て意味で、

ポンコツな私、万歳!

Questionでしたらいつでも受け付けます。

が、何か？

Q. 身長と体重は?

A. 身長は165cm。
体重は42～44kgを行ったり来たり。

2015年くらいにワインの飲みすぎとお菓子の食べすぎで
49gまで増えたのが人生でMAXです。

Q. 習い事は何してた?

A. 硬筆を小学校6年間。

Q. 学生時代は何部だった?

A. 吹奏楽部。

トロンボーンを吹いていました!

Q. 憧れのアルバイトは?

A. スーパーとコンビニのレジ打ち。

Q. 趣味は?

A. 食べることと寝ること。

Q. 特技はある?

A. とうもろこしをキレイに食べられる。

あと、検索! 調べものをするときのスピードが
ものすごく早いです。『AKB48』の
〝歩くWikipedia〟って言われています。

Q. 好きな本は?

A. 『君はポラリス』

いろんな恋愛の形が知れて、興味深いんです。

Q. 好きなドラマは?

A. 大人になってからは『凪のお暇』。
物心ついたばかりの頃は
『ビューティーセブン』。

Q. 好きな映画は?

A. 『はじまりのうた』

音楽も良くてサントラも
ダウンロードしました♡

Q. 好きな色は?

A. ピンクと白。

Q. 好きな花は?

A. ピンクのバラ。

Q.好きなゲームは?

A.音ゲー全般。

動体視力が良くて
『太鼓の達人』の達人です。

Q.行ってみたい国は?

A.フィジー!

島民の幸福度が
世界一なんですって!

Q.好きな数字は?

A.14!

推しの〝石川梨華〟さんの
〝いし〟なので、昔からずっと14が好き。

Q.住んでみたい場所はある?

A.下町の方。

Q.好きな季節は?

A.夏です!

めっちゃ暑がりで汗かきなんですけど、
夏が一番元気に、前向きになれるんです。
寒いのは苦手……。

Q.海派or山派?

A.海です。

泳げないけど行くだけで
テンションがアガります。

Q.好きなマンガは?

A.『クズの本懐』

ちなみに、初めて読んだのは
『僕等がいた』です。

Q.好きなスウィーツは?

A.かき氷。

柑橘系とヨーグルト系が
ミックスされているフレーバーが好き。
お気に入りのお店は秋葉原の
近くにある『サカノウエカフェ』。

Q.好きなアニメは?

A.『美少女戦士セーラームーン』

子供の頃、本気でなりたいと思ってました。
推しはセーラーマーキュリー。

Q.好きな音楽は?

A.歌謡曲とK-Pop!

Q.おすすめの
YouTubeチャンネルは?

A.芸人さんのばっかり観てます。

『ニューヨーク』さんや『さらば青春の光』さんが好き。
めっちゃ好きで、欠かさず観てます。仕事から
帰って、大笑いして寝るのがお気に入りの過ごし方。

Q.家に帰ったらまず何をする?

A.服を脱いで、
ハンガーに掛けます。

Q.得意料理は?

A.オムハヤシ。

卵のトロトロ感をいい感じに出せるようになって
唯一ちゃんと人様に見せられるようになったレシピです。
ハヤシのルーは市販品に頼ってますが!

Q.好きなブランドは?

A.『セリーヌ』と『スナイデル』と『ユニクロ』

Q.得意な家事は?

A.しいて言えば、洗濯。

Q.初恋はいつ?

A.幼稚園の年少さん。

両思いになってほっぺにチューされた瞬間に
好きじゃなくなりました。3歳にして蛙化現象。

Q.冷蔵庫に絶対いれてあるものは?

A.『温泉水99』の500mlペットボトル。

Q.インテリアのテイストは?

A.実家っぽいカントリー調で、ほぼ木。

インテリアに全く興味がなくて、
何でもどんな家でも住めます。

Q.好きなタイプは?

A.“好き”の感覚が合う人が理想♡

自分が見た目についてあんまり
頑張れないタイプだから、意識の高過ぎない、
自然体の人がラクでいいかも。

Q.家の中でいちばんよくいる場所は?

A.ベッドかソファ。

そこにしかいないです。

Q.一目惚れしたことある?

A.いや、全然。

現実主義で、片思いを楽しめないタイプです。

Q.好きな動物は?

A.シマエナガ!

Q.好きなスポーツは?

A.やるのは、しいて言えば卓球。
観るのは、しません。

Q.口ぐせは?

A.「たしかに」と「なるほど」

Q.好きな歴史上の人物は?

A.地元の英雄・西郷(隆盛)さん!

Q.今現在のスマホ待受画面は?

A.カレンダー×花火。

四季を感じるのが好きで、季節が変わるごとに
『X』からフリー画像をDLしています。

Q.憧れてる人は?

A.松田聖子さん。

何歳になってもみんなが認めるアイドル。
カッコ良すぎます。

Q.目覚ましの音は?

A.iPhoneの『レーダー』です。

Question

Q.ひまつぶしにすることは?

A.スマホでSNSをチェック!

Q.好きな調味料は?

A.塩とごま油と白だし、マジで最強。

Q.最近、買って良かったものは?

A.冷凍ごはんがチンするだけで
炊きたてのごはんになるタッパー。

Q.カバンの中身でマストな3つは?

A.充電器、スマホ、財布。

あと『噛むブレスケア』とティッシュとハンカチ。
6つになっちゃった。

Q.最近見た夢は?

A.劇場公演に遅刻して本番に出れなかった夢と
お母さんがパンダを飼う夢。

Q.居酒屋で最初の一杯は?

A.一緒にいる人に合わせるのがこだわりです。

なんでも好きで飲めるから、
だったら同じ方がテンションアガりません?
お酒は強いほうで、潰れたり寝たりしません。

Q.マイブームは?

A.家に帰ってソファ座る前にお風呂に入ること。

Q.自分の中の
一番古い記憶は?

A.幼稚園でピアノや歌が
めっちゃ楽しいと
思っているシーン。

Q.子供の頃の夢は?

A.ダンサー。

ほんとはアイドルだったんですけど、
ちょっとだけ恥ずかしくて、
嘘ついてました。

Q.オフの日の睡眠時間は?

A.12時間くらい。

起きられたらラッキーって思って一旦
9、10、11時に目覚ましをかけるんですけど
結局、全無視して15時に起きます。

Q.今まで最大の失敗は?

A.昼の番組で天気予報を担当していた時、
ほんとは大雨なのに「晴れです」って言っちゃったこと。

Q.スタバでオーダーしがちなのは?

A.季節のフラペチーノか
チャイティーラテのアイス。

コーヒーより紅茶派で、
ホットに興味がないから冬でもアイス!

Q.恥ずかしかった思い出は?

A.劇場公演で衣装が壊れて、
下着が全開になったこと。

Q.楽しかった思い出は?

A.コンサート全般!

観るのも立つのも好き♡

Q.自分を動物に例えると?

A.ナマケモノ。

Q.今ほしいものは?

A.早起きできる体(切実)。

Q.今会いたい人は?

A.両親♡

毎日電話していて、休みの日は
スマホをスピーカーで起きてから
寝るまでずっと繋いでます。

Q.好きな飲み物は?

A.マックを食べる時の
『スプライト』

マックは『えびフィレオ』が今ブーム。
シーズナルのメニューも好き。

Q.子供の頃の性格は?

A.小学校まで陽キャ、
中学校から陰キャ。

Q.ハラハラした思い出は?

A.自動車学校の卒業テストで
右折しすぎて逆走しかけたこと。

Q.自分の好きなところは?

A.精神が安定しているところ。

Q.人に自慢できることは?

A.記憶力かもしれない。

Q.痛かった思い出は?

A.脱毛!

Q.幽霊って信じる?

A.信じてるけど、心霊スポットのロケに
行っても何も見えないし、感じない。

Q.苦手なもの・ことは?

A.早寝早起きと継続すること。

Q.願いを1つ叶えられるなら?

A.今の生活のまま、ずっと健康でいさせてください!

Q.モチベーションになるものは?

A.これはほんとに
ファンの皆さんの
存在です♥

Q.最後の晩餐にしたい
食べ物は?

A.スイカ!

Q.タイムトラベルするなら、
未来と過去、どっち?

A.過去です。

自称・全盛期の幼稚園時代に戻って
もう一度注目を浴びたい!

Q.好きな香りは?
A.柑橘系、全般。

Q.口は堅い?
A.マジで堅いです!

Q.もしも生まれ変われるとしたら、何になりたい?
A.人間の女性に生まれ変わって音楽に携わる仕事をしたい。

Q.好きな景色は?
A.イルミネーション♡
冬は嫌いだけど、イルミネーションは好き。

Q.ファミレスでよくオーダーするのは?
A.ドリンクバーとフライドポテト。
ジンジャエールを飲みがち。

Q.理想の老後は?
A.両親を呼び寄せてこのまま東京で暮らしたい。

A
B
C
D
E
F
G
H
I
J
K
L
M
N
O
P
Q
R
S
T
U
V
W
X
Y
Z

Q.もし宝くじが当たったら何を買う?
A.多分、1回貯金します。
いざという時のために!

Q.無人島に一つだけ持っていくなら?
A.携帯!

Q.超能力が使えるなら何がいい?
A.透明人間になって他のアイドルグループとかにまぎれ込んでみたい!

Q.断捨離できる派orできない派?
A.できない派。
記憶力がいいから、3年間着なかった服を急に思い出して急に着たくなったりするから捨てられないんですよね……。

Q.好きな乗り物は?
A.新幹線。スマホの電波が入って充電もできるから快適。

Q.結婚願望はある?
A.日替わりだけど今この瞬間はあります。
数日前に信号待ちで一緒になったベビーカーに赤ちゃんを乗せてる若い夫婦がめっちゃ楽しそうで、「こういう人生も素敵だな」って思いました♡

Q.理想の家族構成は?
A.私とパートナーと子供の3人。
一人っ子が楽しすぎるから、我が子にも同じ気持ちを味わってほしいな。

Q.コンビニでつい買っちゃうものは?
A.『セブン-イレブン』の冷凍食品。
牛タン、手羽先、冷凍うどん、鍋焼きうどん、トッポギ……おかず系がどれもおいしくて、冷凍庫に大量にあります。

Q.『AKB48』でオススメの曲は?
A.すべてが好きなのは『ポニーテールとシュシュ』
ダンスは100%『根も葉もRumor』

Q.もう一度叶えたいことは?
A.『AKB48』で東京ドームの舞台に立つこと。
後輩たちにもあの景色を観てほしいです!

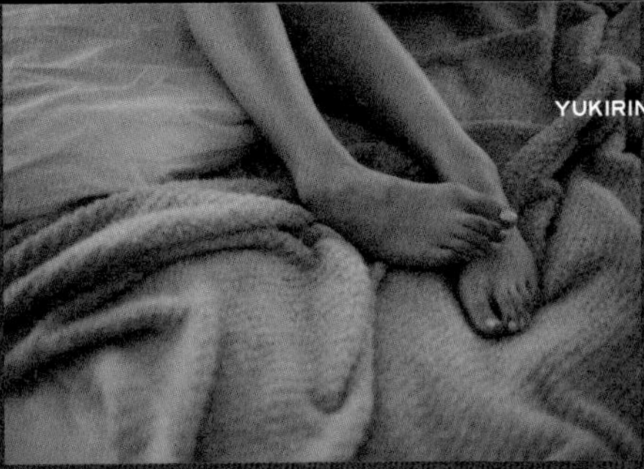

仕事がある日の朝はスキンケアと
歯磨きをしてパッと家を出ることが多いけど、
帰宅後はあれこれケアしていると
語るゆきりんの夜を覗き見。

R

ルーティン、夜ならあります

for Body

タカミ
タカミスキンピールボディ
200g／タカミ

「塗るだけでザラつきをケアできる画期的なボディケア。週2回くらいひじやお尻など気になる部分になじませて全身つるん♪　を目指してます」

AYURA
メディテーションボディミルク
200ml／アユーラ

「サラッとするのに潤う軽やかなテクスチャーで香りも好き。身体の末端から中央に向かって気持ちマッサージしながら塗るようにしています」

BARTH
中性重炭酸入浴剤
30錠(10回分)／BARTH

「本当は苦手なお風呂だけど、大事な撮影の前日や観たい動画がある時はこれを入れて30分くらい入浴します。汗がどっさりかけてかなり爽快！」

for Relax

NEAL'S YARD REAMEDIES
グッドナイトピローミスト
45ml／ニールズヤード レメディーズ

「寝る前に枕にスプレーするとぐっすり眠れて睡眠の質がアップ。昔からオーガニック系の香りが大好きで、包まれるとすごく落ち着くんです」

ゆきりんの夜のお・と・も♡

家に帰ってきたらまずお風呂に入って、そこからベッドに入るまでの
時間をビューティタイムに。あの手この手で明日のキレイにアプローチ。

for Warming

RelaxQ
ほっとイヤリング
12個入／フェリック

「寒い季節、ベッドに入ってもなかなか身体が暖まらない時、イヤリングみたいに耳たぶに装着。徐々に全身ポカポカになってぐっすり眠れます」

for Inner Care

コッコアポ
クラシエ当帰芍薬散
288錠／クラシエ薬品［第2類医薬品］

「むくみやすいのなんとかしたくて、朝とお休み前の2回飲むのを習慣に。続けていたら、だんだん身体が軽くなってきたような気がします」

シンプルイズベストを毎晩実感☆

ラクきもちー

1日の締めくくりは マッサージ&ストレッチ

おやすみ前はマッサージとストレッチで身体を軽快に。シンプルなケアだけど続ける意義しかないんです。

MASSAGE

1 まずは足首にローラーを当てて周辺をコロコロ。どのパーツも20往復くらいさせるといい感じにほぐれます。

↓

2 最もむくみやすいふくらはぎを念入りにコロコロ。ローラーの向きを左右に動かして色んな方向からほぐして。

↓

3 ラストは太ももをコロコロ。膝上から少しずつ位置を上にずらしながら脚の付け根まで根気よくほぐします。

My love♡

Rozally

マッサージローラー／PLEISE

「家の中のすぐ目に入る位置に置いておくと、どんなに疲れている夜も「ほぐしとこうかな」って思えます。エステティシャンの方の監修で、力をかけずに効率的にコリやむくみをほぐせる名品です」

柔軟性を上げておくと
パフォーマンスの時
可動域が広がるのも
いいなって思います♪

STRETCH

1 右足を真っ直ぐ横に伸ばして左足を曲げ、左手を真っ直ぐ上に伸ばしてから上体ごとゆっくり真横に倒して体側を伸ばす。30秒キープして。

2 1の体勢で、右足の指先をピンと天井に向けて左手で指先をタッチ。脚の裏側が伸びるのを感じながら足先を内側に引っ張るようにテンションをかけて30秒キープ。反対向きで1と2を繰り返す。

3 右足を内側に折り曲げ、背筋をスッとしたら、左足を真っ直ぐ真横に伸ばす。両手で右脚の太腿をギュッと押して、左脚の太腿の内側が伸びるのを感じながら30秒キープ。

4 3の体勢のまま左手で左足の指先を持ち、内側に引っ張って30秒キープ。3と4を反対サイドも繰り返して。

コレクション

おうち時間をハッピーにするために
お気に入りのルームウエアで
夜を過ごせば、寝る直前までごきげん♪

Pajamas

SNIDEL HOME

「ギンガムチェックのパジャマって王道で可愛くて大好き。しっとりなめらかなレーヨン素材が肌を優しく包み込んでくれて、至福の寝心地に」

SNIDEL HOME

「胸下の切り替えのリボンと小花柄のデザインがロマンティック。デザインもタイプだし、スルスルの素材も気持ち良い大好きなセットアップ」

SNIDEL HOME

「軽くて通気性が良くてサラッと着られるところがお気に入り。ショートパンツのパジャマはボディケアがしやすいところも便利なんですよね」

NIGHT WEAR COLLECTION

LOVEなナイトウェア

Cardigan

SNIDEL HOME

「家で過ごしていてちょっと肌寒いな……と思ったときに1着あると便利。羽織っているのを忘れるくらいふわっと軽い素材でもう手放せない」

Socks

gelato pique

「末端冷え症の私にとって欠かせないソックスもせっかくなら可愛く♡　秋冬はもちろん、夏のクーラーの効いた室内でも1足あると安心です」

A B C D E F G H I J K L M N O P Q R S T U V W X Y Z

S

すっぴん命な スキンケア

ベースメイクなんかしなくていいくらいツヤめくなめらかな肌を
目指してスキンケアと向き合う日々。
テカリやすいところと乾燥しやすいところが
混ざった典型的な混合肌で、ニキビができやすかったり、
目の下のクマが目立ちやすかったり、
大人になるにつれて弾力がなくなってきたり……
悩みを挙げ出したらキリがないけれど、諦めてしまったら、
そこで試合終了。キレイな肌は仕事やメイクへの
モチベーションを高めてくれるから、
今日より明日の肌が輝けるように、
毎日のケアを積み重ねていくのがモットー。

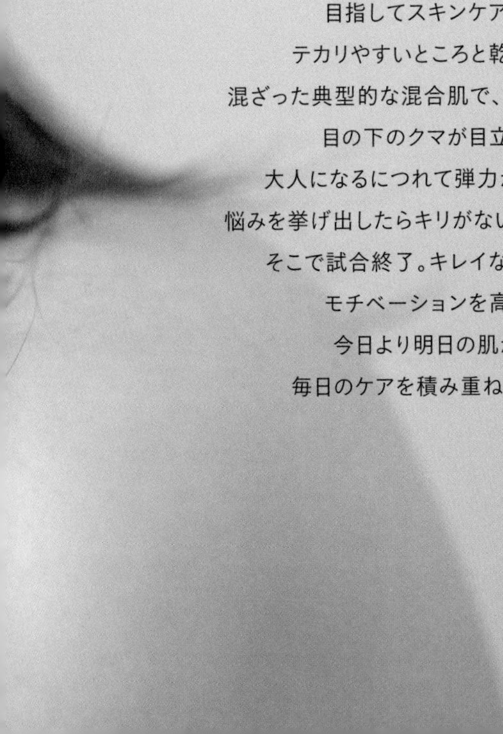

A B C D E F G H I J K L M N O P Q R S T U V W X Y Z

SKIN CARE ITEMS：

CLEANSING & FACEWASH

きちんとリセットした肌に潤いや栄養をたっぷりチャージしたいから、
洗顔とクレンジングは肌をいたわる処方のアイテムで、優しく、抜かりなく。

C.
SOFINA iP
リニュー ムース ウォッシュ
200g／花王

「Bを使い終わったあと鏡の中の自分と向き合って、くすみやざらつきが気になる部分を見つけたら、そこだけこの炭酸泡で優しく洗って肌をなめらかに」

B.
manyo
ピュアクレンジングオイル
200ml／魔女工場

「ダブル洗顔不要でしっかりメイクもするんとオフ。しかも、洗い上がった瞬間から肌がしっとりもちもちになるので数え切れないくらいリピート!」

A.
LAGOM
ジェルトゥウォーター クレンザー
220ml／アリエルトレーディング

「ジェルのテクスチャーが軽くて気持ちいいクレンジングは朝用。寝ている間に変性した皮脂や汚れをさっぱりオフして、クリーンな土台で1日をスタート」

SKIN CARE ITEMS:

TREATMENT

皮脂が過剰に分泌されて肌がテカる原因も結局は乾燥だと聞いたので、
朝晩、溺れるくらい保湿。クリームは夜だけ取り入れるようにしています。

A B C D E F G H I J K L M N O P Q R S T U V W X Y Z

A.

DECORTE

リポソームアドバンスト
リペアセラム
50ml／コスメデコルテ

「いろんなブースターを試したけど、こんなに浸透力の高さを実感できたのははじめて。化粧水の前はもちろん、シートマスクを貼る前にも取り入れます」

B.

Dr.K

薬用C
クリアホワイトローション
120ml／ドクターケイ[医薬部外品]

「シミや毛穴の開き、ニキビなど、あらゆる悩みを抱える私の肌の調子を安定させてくれたビタミンC配合のさっぱりとした化粧水。手で優しく浸透」

C.

Upt

コンディショニングミルク
120ml／mano mano

「サラサラとしたテクスチャーで与えた潤いにフタをしてくれるのにさっぱり。朝使ってそのままメイクをしてもヨレない上に、肌が内側からふっくら!」

D.

DECORTE

リポソームアドバンスト
リペアクリーム
50g／コスメデコルテ

「ニキビのできやすいアゴは避けて、乾燥しやすい頬や目の周りに重ねるのがお決まり。寝ている間に栄養をチャージしたいので、おやすみ前に使っています」

SKIN CARE ITEMS：

SPECIAL CARE

よりキレイな肌を目指したいタイミングや時間と気持ちに余裕がある時は
スペシャルケアを実践！　自分を愛しむ時間になるところもいいんです♡

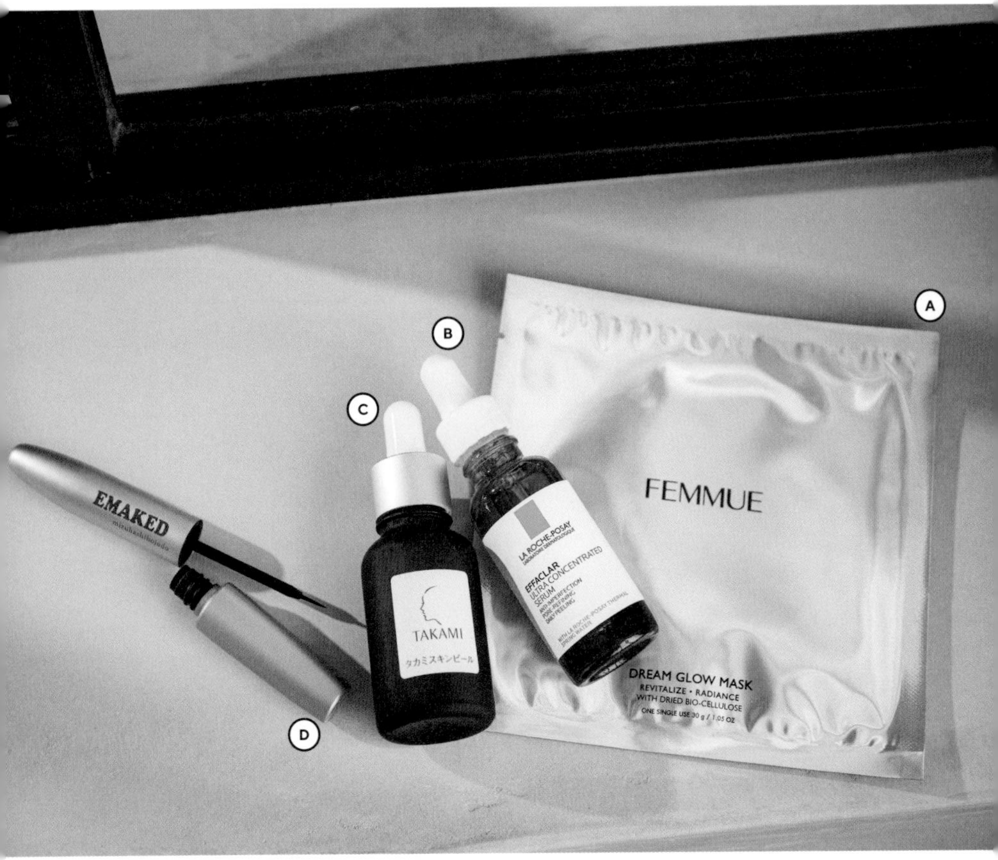

D.

水橋保寿製薬

エマーキット
2ml／水橋保寿製薬

「このまつ毛美容液、今まで使った中で一番効果を実感。自まつ毛がつけまつ毛みたいに育つんです。アイライナー感覚で塗るだけでいいのもお手軽です」

C.

タカミ

タカミスキンピール
30ml／タカミ

「なじませるだけで角質ケアできるのが画期的な美容液。季節の変わり目などゴワつきが気になるときに重点的に取り入れます。毛穴もキュッと小さく」

B.

LA ROCHE-POSAY

エファクラ ピールケア セラム
30ml／ラ ロッシュ ポゼ

「ザラつきや毛穴の開きにアプローチをかけてくれる角質ケア美容液。肌が明らかになめらかになるのに負担が少ない処方で、私のお守りコスメに認定」

A.

FEMMUE

ドリームグロウマスク RR
30ml×6枚入／アリエルトレーディング

「紫外線や乾燥によるくすみに立ち向かってくれるナイアシンアミド配合のマスクは大事な予定の前日に。ドライバイオセルロースの密着感の高さも最高」

SKIN CARE ITEMS：

SUNCARE

肌ダメージの大半は〝光老化〟と言っても過言ではないほど、
肌の美しさを奪うとされる紫外線を日焼け止めでブロック。
シチュエーションによって軽めとしっかりめを使い分け。

A. ALLIE

クロノビューティ　ジェルUV　EX
90g SPF50+・PA ++++
／カネボウ化粧品

「肌の上でスルスル伸びてベタつきにくいから、普段使いにピッタリ。こんなに快適なのに紫外線防御力が最高値だなんて、びっくりレベルの感動かも」

B. ANESSA

パーフェクトUV
スキンケアミルク
60ml SPF50+・PA ++++
／資生堂

「外での撮影や長時間のロケのときに頼れるのが『アネッサ』。嘘みたいにたっぷり塗ると本気で焼けません！　2時間に1回くらい塗り直すマメさも重要」

SKIN CARE ITEMS：

BEAUTY GEAR

〝清水の舞台から飛び降りる〟とはまさにこのこと！
ってくらい高額だけど、使用頻度を日割り換算したら
エステに通うよりコスパがいい。検討の余地、ありです！

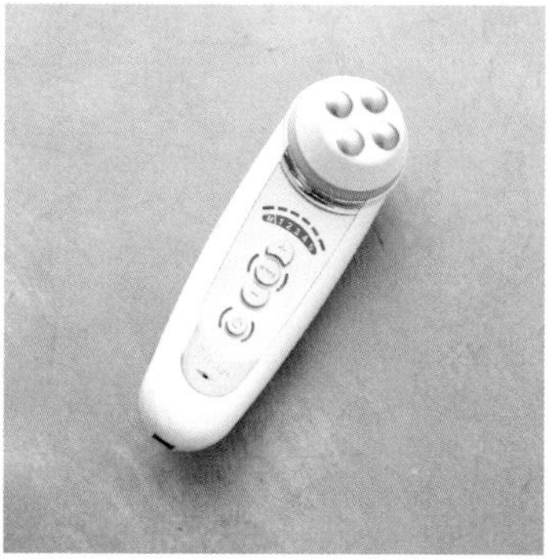

ELECTRON

デンキバリブラシ2.0＋ボディ
／GMコーポレーション

「どうしようもなくむくんでるときに頭皮から滞りを流すと、信じられないくらいフェイスラインがスッキリ！　通電のピリピリ感はすぐに慣れました」

BELEGA

セルキュア4TPLUS
／ベレガ

「色んなモードが搭載されていてセルフなのに本格エステさながらの仕上がりに。朝のむくみをとったり、ディープクレンジングしたりと、フル活用！」

はじめました!

これまでプライベートでは、
ほぼほぼ運動をしてこなかったけど
30代になってからおうちトレーニングを
するようになりました。
いくつになったって、アイドルでいるためには、
体力が結構、重要〜!

T

体力づくり、

家トレ!

いろんなところから情報を集めて組み立てた我流のおうちトレーニングはさくっとできるものばかり。カーヴィなボディラインに憧れているから、下半身を重点的に鍛えるようにしています。ボディメイクも〝継続は力なり〟だと思うからこそ、¥0で無理なく続けられるメニューをチョイス。

ヒップサイドがシュッ サイドヒップリフト

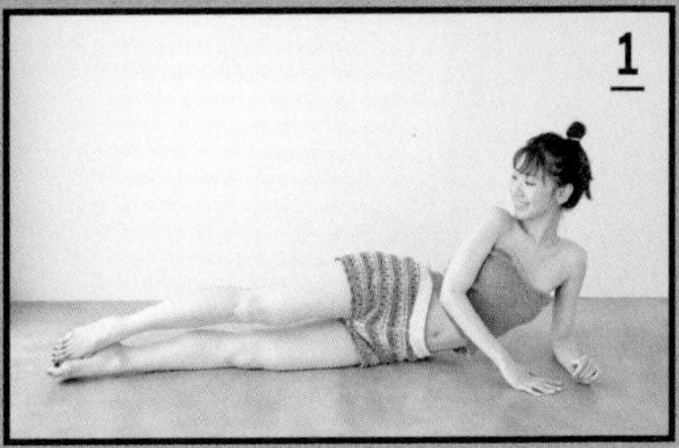

1.床に横向きで寝て両脚を真っ直ぐ伸ばす。上体は起こして肘で自然に支えて。 2.息を吐きながら脚を真横にできるだけ高く上げ、息を吐き切ったら鼻から息を吸いながらゆっくり最初のポジションに戻す。脚を上下させるとき、お尻の筋肉を使うように意識するとより効果がアップ。左右ともに20回ずつ。

内腿がスラリ! レッグアダクション

1.床に横向きで寝て両脚を真っ直ぐ伸ばし、上側の脚を曲げて太腿の前の床に置く。上体は肘で支えて、起こして。 2.真っ直ぐ伸ばしている方の脚を横尻の筋肉が使われるのを意識しながらできるだけ上げて1秒キープ。床に付かないスレスレまでゆっくり下ろしたら、再度同じ要領で脚を上げる。左右ともに20回ずつ繰り返す。

ヒップラインがキュッ! ヒップリフト

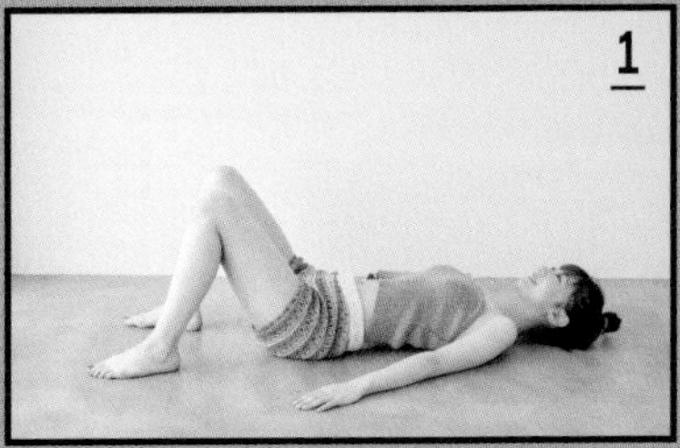

1.仰向けになって両手を自然に床に置き、足を肩幅に広げる。 2.肩甲骨を支点に、肩から膝が一直線になるように骨盤を浮かせて、1秒キープ。ゆっくりと1の姿勢に戻してゆき、お尻を床につかないギリギリのところまで下げたらもう一度肩から膝が一直線になるように骨盤を浮かせる。この動きを20回。

YUKIRIN'S HOME TRAINING ゆきりんの

お尻への負荷をアップ! ワンレッグヒップリフト

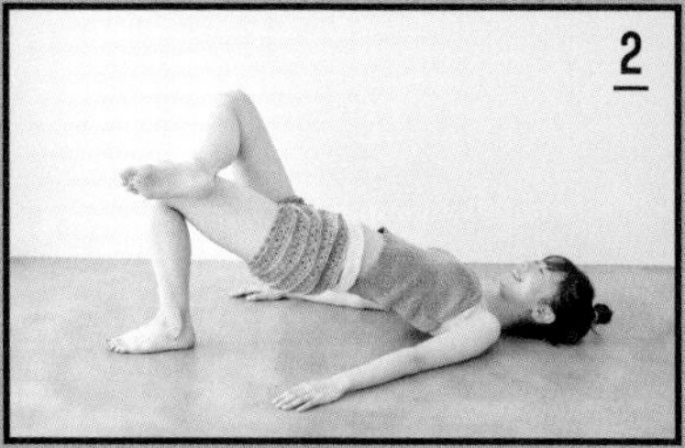

1.仰向けになって両手を自然に床に置いて足を肩幅に広げ、片足を膝より少し上に引っ掛ける。2.肩甲骨を支点に、肩から膝が一直線になるように骨盤を浮かせたら、そのまま1秒キープ。ゆっくり1の姿勢に戻し、お尻を床につかないギリギリのところまで下げたら、もう一度肩から膝が一直線になるように骨盤を浮かせる。この上下を20回繰り返したら、反対側の足を引っ掛けて同様に。

お尻の上部を引き締め フロッグヒップリフト

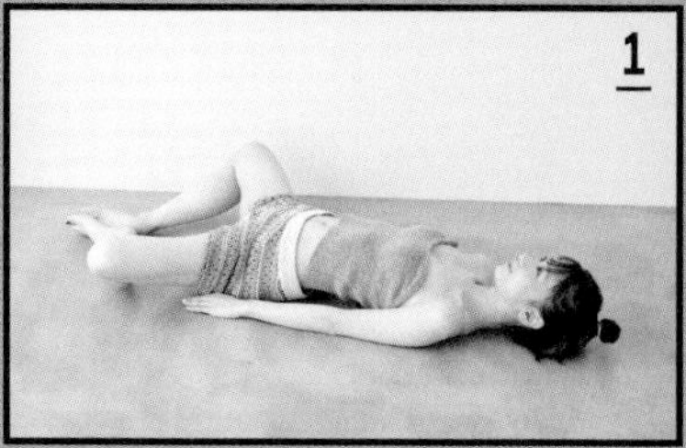

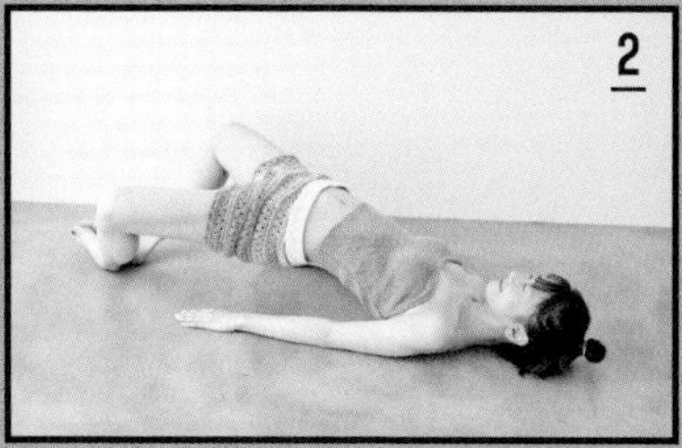

1.仰向けになって足の裏をしっかりくっつけて膝を曲げる。両手は自然にサイドの床に置き、目線は真上に。 2.膝の開きをキープしたままお尻をできる限り高く持ち上げたら1秒キープ。ゆっくりとお尻をおろしてゆき、床につくスレスレのところでもう一度お尻を持ち上げる。20回繰り返して。

体幹がビシッ! プランク

うつ伏せになって手足を肩幅に開く。両肘を曲げて手を軽く握る。身体を床と平行になるように真っ直ぐ浮かせて、爪先と両肘だけで身体を支える。20秒キープ×3セット。

U

うどんのない人生なんて！

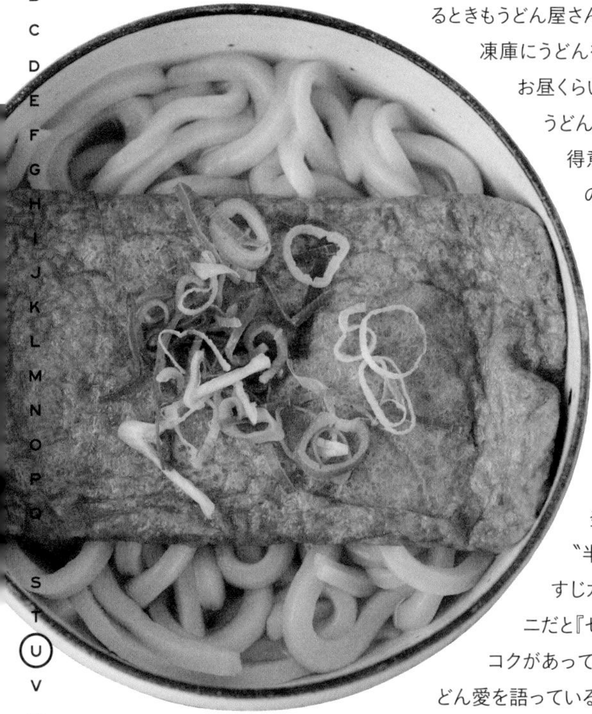

ちっちゃい頃からしょっちゅううどんをすすっていて、家族で外食するときもうどん屋さんに行きがち。一人暮らしを始めてからも冷凍庫にうどんを切らしたことは一度もなくて、オフの日はお昼くらいに目が覚めてうどんを食べて、夜ごはんもうどんにしちゃお、なんてこともよくあります。唯一得意な自炊でもあります。気がついたら、うどんのない人生なんて考えられない私になっていました。稲庭うどんもきしめんも、冷も温もうどんならなんでも好きだけど、冷たい麺にエビとサツマイモの天ぷらをのせるのが定番です。麺は硬めでコシのあるのがタイプ♡　お気に入りのお店は挙げだしたらきりがないけど、結局どこでも出逢える『はなまるうどん』と『丸亀製麺』はヘビロテしがち。今日はちょっと奮発しちゃおっていう日は『つるとんたん』で〝半生明太餡かけ玉子とじのおうどん〟か〝牛すじカレーのおうどん〟をオーダーします。コンビニだと『セブン-イレブン』の〝さぬきうどん〟は出汁にコクがあって素晴らしいです！　ところで私、こんなにうどん愛を語っているわりに実はまだ香川県でうどんツアーをしたことがないんです。ファンの皆さんが教えてくれるオススメのお店は全部メモしてあるから、次のオフこそ、足を運べたらいいな。

V

Visualについて思うコト。

私が所属している『AKB48』には肌がぷるぷるの10代の子が大勢います。最近は美容医療も進化しているので、年齢を重ねることとどう向き合うのがベストなのか模索している部分は、正直あります。自分なりに考えた結果、大切にしようと思ったのが、アイドルの自分と素顔の自分にとってそれぞれベストなビジュアルを追求すること。グループで活動をするときは10代の子と並んでも年齢差があからさまにわからないように、仕事の一環として少しでも若く見えるように意識。反対にプライベートでは〝ある程度諦めて、ある程度頑張る〟ことを軸に、年齢相応の美しさを目指そうと思うようになりました。日々のシンプルなスキンケアだけでは追いつかないことも多いので、皮膚科や美容クリニックに通う頻度も増えたけど、そこには新しい美容に対する発見もいっぱい。きっとこれからも迷うことはあるけれど、マイペースに軽やかに! そして何より、楽しみながら、その年齢だからこそのキレイを追求していけたらいいな。目尻の小ジワは楽しい人生を過ごした証だって言いますし、ね。

A B C D E F G H I J K L M N O P Q R S T U V W X Y Z

Wish

ミライノハナシ。

人生において目標を掲げることがない私ですが、
30代になってから自分が今楽しいと
思うことを長く続けていきたいというビジョンを
少しずつ持つようになってきました。
具体的には3つあります。
まずは、アイドルとして、できるだけ
ステージに立ち続けていくこと。
次に、プロデュースしている
コスメブランド『upink』を成長させて
より多くの方にコスメを
愛用していただくこと。

そして最後に、
YouTubeやSNSなど、自分の
考えを好きに発信できる場所を
きちんと確立していくこと。プラス、
プライベートで人生を共に歩んでくれる
パートナーが現れたらうれしいけど、
結婚願望については
あるときとないときがあって、
結局はタイミングとご縁だと思うので、
なりゆきに任せます。この分だと、
当面は仕事が恋人かな♡

xxx LOVEトーク!!

Chu

みんなでコイバナしよーよ!

TOPIC:

彼のことは好きなのに食事の好みがまったく合わなくてしんどいです……。だからといってこんな理由で別れるのも微妙な気がして。ゆきりんならどうしますか？

えー！ **私だったらもはや付き合い続けるのが無理かも**。食事の好みが合う合わないって結構大事じゃないですか？仮にこのまま結婚したとして、自分と彼用に料理を作り分けるのもめっちゃしんどいし。合わない部分が映画とか音楽とか趣味系だったら寄せることもできると思うんですけど、ごはんの好き嫌いを合わせるのは大人は特に難しい気がする。**ずっと一緒にいるのは相当な覚悟がいる気が**するかな、私は。

TOPIC:

好きな人が自分を好きになってくれた瞬間その人を好きな気持ちが冷めてしまいました。自分で自分のことが嫌になってしまいます。

出ました、流行りの**"蛙化現象"！**
これ、私の周りにも多いんですよね。こないだ友達が「彼氏になったばかりの人が2回連続で同じ服着てきたのがいやで別れた」って言っててそれはさすがにびっくりしたけど、冷めた理由をたどって相手に頼りなさを感じたり価値観の違いが原因だとしたら、彼より自分の方が成長したってことだと思うから落ち込む必要なんてなし。次の恋に進むのがよくない？

TOPIC:

友達とグループで旅行することになってその中に気になる人がいます。**旅行中、彼に好感を持ってもらうにはどうしたらいい**ですか？

私だったら旅行より**前に相手のキャラを分析します！**
例えば彼がリーダーシップを取る対応だったらみんなの様子を常に気にかけていると思うから自分と同じように誰に対してもフラットに優しくできるタイプに惹かれると思うんです。でも相手が恋愛経験の少ないタイプだったらみんなに平等に優しいのは「遊んでるな」って思われちゃうリスクがあるから、その人をナチュラルに立ててあげられる方が「いいな」って思ってもらえる確率が上がると思うんです。本当に**相手のことが好きでパートナーになりたいなら、恋愛にはある程度の戦略も必要**なんじゃないかな。

TOPIC:

パートナーが欲しいのに出会いがありません。どうしたら素敵な人と巡り会えますか？

めっちゃわかります！でも、私思うんですけど出会いってないと思っちゃってるだけで**実は毎日のようにいろんな人と出会ってるんです。だから、出会いがないって言ってる人は自分の中で「こんな人がいい」っていう理想を決めつけすぎ**てそれ以外の人を自然とスルーしてるだけなんじゃないかな？
初対面が好印象なのに後から嫌になることもあれば最初は好みじゃなかったのに話していくうちにいいところがいっぱい見つかって引かれることもある。だから、最低限の部分以外は理想を固めすぎないで両手を広げていたほうがいいと思う。例えば年齢差があって**恋愛関係が成立しなさそうだけど素敵な人に巡り合ったとしたら、その人の友達がパートナー候補になるかもしれない。**
"類は友を呼ぶ"って本当だと思うから、どんどんいい人と出会い続けるうちにきっと素敵なパートナーにたどり着けるんじゃないかな。

TOPIC:

好きな人のことを意識しすぎて顔を合わせるとドキドキ……　うまく**おしゃべりできません。**何を話したらいいんでしょうか？

それなら断然、**サブスクの動画の話がオススメ**。大体の人が何かしら加入していて、何かしらの作品を観てるから、会話が広げやすいと思うんですよね。人って好きなことに対しては自然と饒舌になれるから、自分が好きなドラマや映画についてならきっと熱く語れるし、それすら緊張して無理って思うんだったら**「最近何がおもしろかった？」って質問して彼の話に耳を傾けるだけでも会話が成立**。これには、**彼が楽しく話せた＝その子と話すのが楽しいって気持ちになってくれるメリット**も！**知らず知らずのうちに好感度が爆上がり**です。ちなみに私は恋愛リアリティーショーが好きすぎて、興味のない人にも興味を持ってもらえる話し方を研究してたりもするんですが、案外盛り上がりますよ。

A B C D E F G H I J K L M N O P Q R S T U V W X Y Z

TOPIC:

元カノにやきもちを焼いてしまいます。
自分でも意味わかんないのに、やめられない😭

たしかに1mmも気にならない人なんていないですよね。でも、**彼はそれまで付き合ってた女のコ全員と別れて、今あなたと付き合ってる**わけじゃないですか。だから、その時点で**自分が一番だっていう自信を持っていい**と思います！　あと、彼のデートでの振る舞いとかも全部元カノたちとの時間が育んでくれたものだったりしますよね。そのあたりは「スマートな彼がいるのは元カノたちのおかげ」くらいの余裕で感謝してもいいかもしれない😂
でも彼が元カノの話を出しすぎで不快に思ってるならそれは素直に「もうしないで」って彼に伝えましょ。

TOPIC:

ずっと片思いをしているのですがなかなか思いが通じません……。
告白する勇気も諦める勇気もなくてどうしたらいいかわかりません🥺

好きな人がいるだけで楽しいと思えるなら全然いいと思うんだけど、そもそも私が片思い推奨派じゃないこともあって**少しでも苦しい気持ちを抱えているならやめた方がいい**んじゃないかなって思います。少女漫画の主人公みたいに一途に誰かを好きなのって尊いように見えるけど、**何年も同じ人を好きなのに想いが叶わないのは私的に入社試験を1社に絞っててどこにも就職できないのと同じ**。
入社したいのはわかるけど一生働くのは無理なのと同じように、いずれ結婚したり家庭を持ったりしたいなら、今好きな人以外にも目を向けた方がいいんじゃないですかね。

TOPIC:

デートの朝、いつも何を着て行こうかわからなくなってプチパニックに。**デートコーデの組み方のコツ**ってありますか？

自分が好きなテイストの中でTPOを大事にすることかな。例えばガーリーなコーデが好きなら、おしゃれなレストランに行く日はワンピ、BBQとかアウトドアを楽しむ日は甘めのトップスにデニムを合わせる、とかね。
この組み立て方で**シーンによってコーデをアレンジすると「今日いつもと違うね」っていうギャップが生まれる**ところもよくないですか？

TOPIC:

元カレへの未練が断ち切れません😭
どうしたら次の恋に進めるんでしょうか？

付き合ってる時はその人が一番だと思っているのに結局うまくいかなくなって別れて、また次の出会いがあって……を繰り返しているうちにパートナーを見つけて結婚している人がこの世の中には星の数ほどいるわけじゃないですか。
てことは、**未練は新しい恋で立ち切れるんです！**
多分超好みの見た目で性格が良くてお金持ちの人が目の前に現れてアピールしてくれたらほぼほぼ好きになると思うんです。だからとにかく**新しい出会いを求めて動き出して**ほしい！

TOPIC:

推しが好きすぎて生身の人間を
好きになれません。このままだと
一生一人身かもしれなくて、絶望……。

気持ちが満たされてて幸せなら
推しと生きてく人生もアリだと思う。
でも、人間の気持ちって突如変わったりするから
ある日突然、結婚したいとか子供がほしいと
思うかわからないじゃないですか。
だから、**視野は広く持っていてほしいかも!**
ちなみにアイドルの立場からすると
「ゆきりんが一番好きだから誰とも結婚しません」
とか言われても1mmもうれしくないんですよね。
それよりも、ファンのみんなには自分の幸せを
しっかり掴んでほしいなっていつも思ってます。
時々、推し活で知り合ったカップルが
ライブに来てくれたりするんですけど、
そういうのめっちゃいいなって思ってて。
推しが同じ人と現場で友達になって
そこからリアルの恋を楽しむとかどうですか?

TOPIC:

すごく好きな人と別れたあと
誰と付き合っても結局その彼のことを
思い出してしまいます。
復縁に向けて頑張るのはアリでしょうか?

うーん……復縁でうまくいってるパターンて
結局あんまりない気がします。別れたってことは
それなりの理由と覚悟があったと思うんですよ。
その上で復縁したいってことは**戻りたいって**
思う方がお願いしないといけないわけで、
お願いする時点でそのカップルには
上下関係ができちゃうから……
結果、うまくいかない気がするけどなぁ…。
もっと素敵な人が世の中にはたくさんいると思うし!

TOPIC:

付き合いたての彼女が**元カレと飼ってた**
犬ごとうちに引っ越してきた。
複雑な気持ちです……。

犬に罪はないから、**愛しい人の連れ子だと**
思って、引き取って、一緒に可愛がってあげて。

TOPIC:

私はいっぱいLINEしたいのに
彼のレスがめちゃくちゃ塩……。
私のこと好きじゃないのかな🥺

大人になって気づいたんですけど
連絡の頻度が少ないことが当たり前の
人ってこの世にたくさんいるんですよ。
チャットみたいにLINEをする人は
理解が難しいと思うんですけど、
用事がある時だけしかLINEができない
タイプの人はまったく悪気がないから
好きとか好きじゃないの問題じゃない
気がする。私だったら、こういう連絡が少ない
彼ってその分、仕事や自分のことに時間が
使えてラッキーってプラスに考えちゃうかも。
とりあえず、彼に自分の不安を
そっと打ち明けてみるのはどうですか?

いくっ!

いつでも自然体で誰に対してもフラットなところが魅力♡
自分の気持ちを大切にしながら対話を楽しめるゆきりんが
人とのコミュニケーションにおいて大切にしていることを根掘り葉掘り。
キレキレのワードで毎日を生き抜くヒントがいっぱい。

いつだって自分の気持ちファースト。

マイペースでゆるっとお付き合い

Y ゆるコミュ力と生きて

ゆきりん流コミュニケーション4ヶ条

1.

よそはよそ、うちはうち! 誰かと比べるのはダメ絶対

これは柏木家の家訓でもあって、子供の頃から繰り返し言われているうちに自然と身ついていたんですけど、このおかげで生きやすくなっているので、両親には感謝しかありません。だって誰かと比べて「私、ダメだな」と思うのもしんどいし、「この人の方が自分よりイケてるかも」と思ったところで、どっちもイケてない可能性もありますよね。だから、比べることに使うカロリーがすでに無駄だと私は思います。比べていいことなんて1つもないです。

2.

自分にとって大切な人は 指折り数えられるだけでいい

断言します!　第三者や周りからこんな風に見られたいからこの子と仲良くしよう、みたいな友達付き合いはまったく意味がありません。誰にもこの人と仲がいいことを知られなくても一生仲良くしたいと思える人が1人でもいたらそれが一番幸せ。ほんとに仲がいい人と会っても写真を撮ることなんて旅先とかごく稀だし、「会ったよー」ってアピールする必要もない。この人と会うことが自分にとって幸せだと思える損得感情が1こもなく付き合える相手を大切に。

3.

誰かのことを“すごい”はアリ! “羨ましい”はナシ!

アイドルの仕事をしていると信じられないくらいスタイルのいい子やびっくりするほど可愛い子が近くにいたりするんです。その上、頭と性格までよかったりして。そういう子たちを見ていると「すごい」って思うけど、自分とはまったく違う生き物だと思うんです。だから、ひがんだり妬んだりするだけ、時間の無駄。誰かの悪口を言ったところで後から自分が凹むだけだし、表情もブスになりますよね。誰かを羨む暇があったら、自分磨きに当てるべし!

4.

スルー力を身につけて 気楽にSNSをエンジョイ

心ない誹謗中傷のコメントのスルー力さえ身につけられたら、SNSほど便利で楽しいものってないと思うんです。よーく考えてみてください。自分が大切にしている人でSNSに書き込まれているような誹謗中傷をしてくる人なんて、いないですよね。その現実世界こそ、すべて。SNSの心ないコメントと現実世界を切り離して、本当に自分の信頼できる人の言葉だけに耳を傾ける。そしてどうしても許せないコメントに対しては頭の中で警察に通報すればOK!

ずぼらですが、

なにか?

オフの日は夕方まで寝ていることなんてザラだし、
洗濯をしたら洋服を畳まないで直で取り出して着たりするし。
自他ともに認めるズボラな性格なんですけど、極論、
誰かに迷惑をかけなければどれだけズボラでもいいと思っています。
結局、頑張りすぎないのが一番ラク。
それに、自分のことをズボラって認めたら、
ちょっと何かを頑張っただけで褒めてもらえてラッキー!
そんなズボラな毎日幸せだなって思えるから、
このままでいっか。

Dreamers
University

BEAUTY

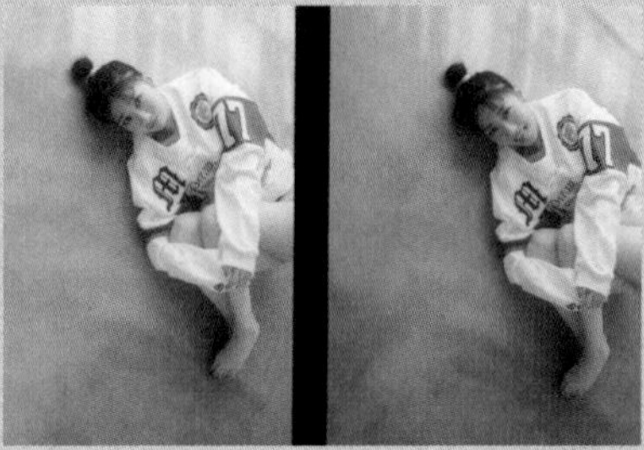

I-ne	0120-333-476
RMK Division	0120-988-271
アヴェダ[お客様相談室]	0570-003-770
アディクション ビューティ	0120-586-683
アユーラ	0120-090-030
アリエルトレーディング	0120-201-790
Ancci brush	anccibrush.jp
イーラル お客様相談室	0120-36-1186
井田ラボラトリーズ	0120-44-1184
イプサ お客さま窓口	0120-523-543
イミュ	0120-371-367
uka Tokyo head office	03-5843-0429
エテュセ	0120-074316
エレガンス コスメティックス	0120-766-995
O by F	f-organics.jp/obyf.aspx
花王	0120-165-691
かならぼ	0120-91-3836
カネボウ化粧品	0120-518-520
韓国高麗人蔘社	03-6279-3606
キューティス	0120-005-236
グッチ クライアントサービス	0120-99-2177
クラシエ薬品 お客様相談窓口	03-5446-3334
クリオ	cliocosmetic.jp
Clue	0120-274-032
クレ・ド・ポー ボーテ	0120-86-1982
CARE PRO	www.carepro-hairmedication.com
コージー本舗	03-3842-0226
コーセーコスメニエンス	0120-763-328
コスメデコルテ	0120-763-325
GMコーポレーション	0120-66-7170
資生堂 お客さま窓口	0120-81-4710
SHISEIDO お客さま窓口	0120-587-289
SUQQU	0120-988-761
シャンティ	0120-56-1114
ジルスチュアート　ビューティ	0120-878-652
SHIRO	info@shiro-shiro.jp
タカミ	0120-291-714
テクノエイト	https://oggiotto.com/
トーン	03-5774-5565
ドクターケイ	0120-68-1217
ニールズヤード レメディーズ	0120-316-999
BARTH	barth.jp
パナソニック理美容・健康商品 ご相談窓口	0120-878-697
花西子	service_jp@florasis.com
パルファム ジバンシイ[LVMHフレグランスブランズ]	03-3264-3941
パルファン・クリスチャン・ディオール	03-3239-0618
フェリック	www.relaxq.tokyo
ペリペラ	www.peripera.jp/
ペレガ	0120-87-7080
ポール & ジョー ボーテ	0120-766-996
魔女工場	manyocosme.jp/
mano mano	0120-811-047
ミシャジャパン	0120-348-154
水橋保寿堂製薬	0120-43-7970
ラカ	https://www.qoo10.jp/shop/lakaofficial
ラ ロッシュ ポゼ お客様相談室	03-6911-8572
Rainmakers(Wonjungyo)	0120-500-353
Rainmakers(CipiCipi・upink)	0120-484-011
WONDER LINE	03-3401-1888

SHOP LIST

FASHION

イトキン カスタマーサービス(タラ　ジャーモン)	0120-888-363
KEnTe	03-6451-1688
THE HAIR BAR TOKYO	03-3499-0077
トリート ユアセルフ ルミネエスト新宿店(トリート ユア セルフ)	03-4363-8569
POPPY 原宿(POPPY)	03-4363-8569
MURUA	03-5447-6543
ラヴィジュール ルミネエスト新宿店(ラヴィジュール)	03-3358-7790
レインボーシェイク プレスルーム(RRR SHOP)	03-4363-8569

EPILOGUE

『いくつになったって、アイドル』、いがかでしたか？
この本の制作を通じて、私自身、自分でもまだ知らない
新しい自分にたくさん出逢えた気がします。
良い意味でも悪い意味でも計画性がない私にとって、
この本に書かれていることが『AKB48』のメンバーであり
32歳の今の等身大。もしかしたら数年後にものすごく
変わっているところが出てくるかもしれないけど、
今この瞬間を形にできたことが尊いと思っています。
お付き合いいただき、ありがとうございました。
この本を手にしてくださった皆さんの毎日が
心からの笑顔でいっぱいになりますように。

柏木由紀

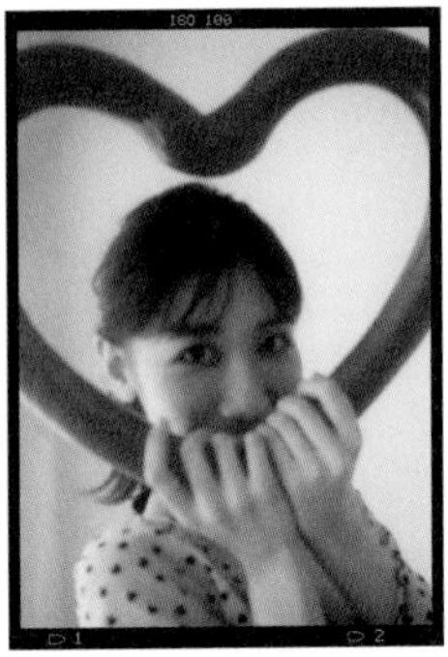

Artist
柏木由紀(AKB48)

Total Producer
秋元康

Producer
秋元伸介、磯野久美子(Y&N Brothers Inc.)

Assistant Producer
中根美里(Y&N Brothers Inc.)

Artist Manager
高橋あゆみ(ワタナベエンターテインメント)

Executive Producer
渡辺ミキ(ワタナベエンターテインメント)

Photographer
花盛友里(モデル)、石澤義人(物)

Stylist
SHOCO

Hair & Make-up
NAYA

Photographer Assistant
山本千尋

Balloon Performer
哲(balloon.tetsu@gmail.com)

Editor in Chief & Text
石橋里奈

Art Director
松浦周作(mashroom design)

Design
堀川あゆみ(mashroom design)

Printing Director
冨永志津(TOPPAN株式会社)

Editor
加藤圭一、後藤璃子(竹書房)

Director in Chief
河野一郎(竹書房)

Special Thanks
秋元康事務所、Y&N Brothers Inc.

いくつになったって、アイドル

著者　柏木由紀
2023年10月17日　初版第1刷発行

発行人　後藤明信

発行所　株式会社　竹書房
〒102-0075 千代田区三番町8番地1
三番町東急ビル6階

email　info@takeshobo.co.jp
竹書房ホームページ　http://www.takeshobo.co.jp

印刷・製本　TOPPAN株式会社

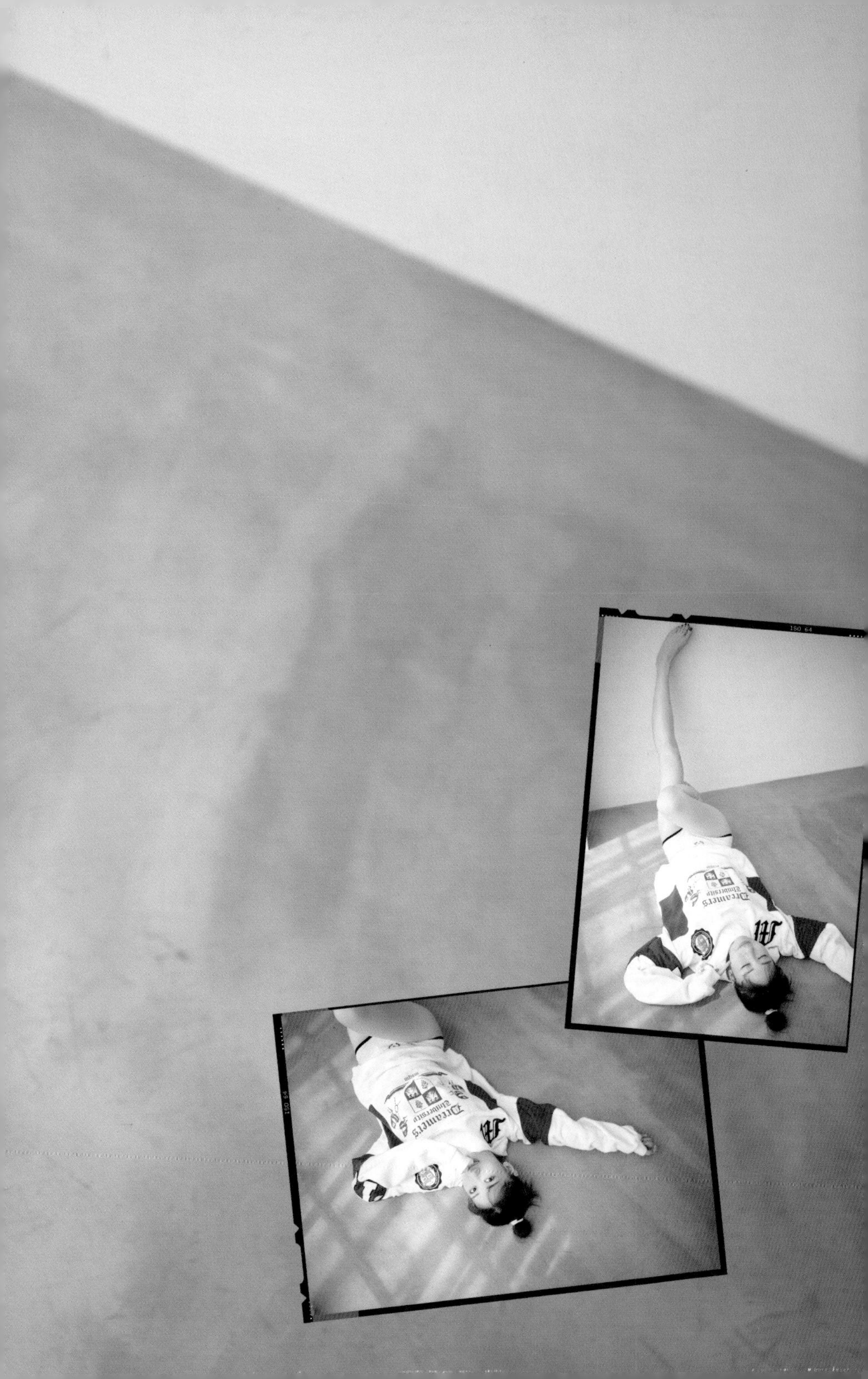